Couvertures et pages de titre différentes
of Recueil de pages de titre d'éditions
d'H. de Balzac. Réserve des Imprimés.

H. DE BALZAC.

HONORINE

I

PARIS,
L. DE POTTER, LIBRAIRE-ÉDITEUR,
Rue Saint-Jacques, 38.

1845

HONORINE.

HONORINE

PAR

M. de Balzac.

1

PARIS
DE POTTER, ÉDITEUR,
RUE SAINT-JACQUES, 38.

1844

Dédicace.

A

𝔐onsieur Achille Devéria,

Comme un affectueux souvenir de l'Auteur.

De Balzac.

CHAPITRE PREMIER.

I

Comme quoi le Français est peu voyageur.

Si les Français ont autant de répugnance que les Anglais ont de propension pour les voyages, peut-être les Français et les Anglais ont-ils raison de part et d'autre.

On trouve partout quelque chose de meilleur que l'Angleterre, tandis qu'il est excessivement difficile de retrouver loin de la France les charmes de la France.

Les autres pays offrent d'admirables paysages, ils présentent souvent un *comfort* supérieur à celui de la France, qui fait les plus lents progrès en ce genre. Ils déploient quelquefois une magnificence, une grandeur, un luxe étourdissants; ils ne manquent ni de grâce ni de façons nobles; mais la vie de tête, l'activité d'idées, le talent de conversation et cet atticisme si familiers à Paris; mais cette soudaine entente de ce qu'on pense et de ce qu'on ne dit pas, ce génie du sous entendu, la moitié de la langue française, ne se rencontrent nulle part. Aussi le Français, dont la raillerie est déjà si peu comprise, se dessèche-t-il bientôt à l'étranger, comme un arbre déplanté. L'émigration est un contresens chez la nation française.

Beaucoup de Français, de ceux dont il est ici question, avouent avoir revu les douaniers du pays natal avec plaisir, ce qui peut sembler l'hyperbole la plus osée du patriotisme.

Ce petit préambule a pour but de rappeler à ceux des Français qui ont voyagé le plaisir excessif qu'ils ont éprouvé quand, parfois, ils ont retrouvé toute la patrie, une oasis dans le salon de quelque diplomate; plaisir que comprendront difficilement ceux qui n'ont jamais quitté l'asphalte du boulevard des Italiens, et pour qui la ligne des quais, rive gauche, n'est déjà plus Paris.

Retrouver Paris! savez-vous ce que c'est, ô Parisiens?

C'est retrouver, non pas la cuisine du Rocher de Cancale, comme Borel la soigne pour les gourmets qui savent l'apprécier, car elle ne se fait que rue Montorgueil, mais un service qui la rappelle !

C'est retrouver les vins de France qui sont à l'état mythologique hors de France, et rares comme la femme dont il sera question ici !

C'est retrouver non pas la plaisanterie à la mode, car de Paris à la frontière elle s'évente; mais ce milieu spirituel, compréhensif, critique, où vivent les Français, depuis le poète jusqu'à l'ouvrier, depuis la duchesse jusqu'au gamin.

II

Un tableau italo-gallique.

En 1836, pendant le séjour de la cour de Sardaigne à Gênes, deux Parisiens, plus ou moins célèbres, purent encore se croire à Paris, en se trouvant dans un palais loué par le Consul-Général de France, sur la colline, dernier pli que fait l'Apennin entre la porte

Saint-Thomas et cette fameuse lanterne qui, dans les *kepseakes*, orne toutes les vues de Gênes.

Ce palais est une de ces fameuses villasses où les nobles Génois ont dépensé des millions au temps de la puissance de cette république aristocratique.

Si la demi-nuit est belle quelque part, c'est assurément à Gênes, quand il a plu comme il y pleut, à torrents, pendant toute la matinée ; quand la pureté de la mer lutte avec la pureté du ciel ; quand le silence règne sur le quai et dans les bosquets de cette villa, dans ses marbres à bouches béantes d'où l'eau coule avec mystère ; quand les étoiles brillent, quand les flots de la Méditerranée se suivent comme les aveux d'une femme à qui vous les arrachez parole à parole.

Avouons-le? cet instant où l'air embaumé parfume les poumons et les rêveries, où la volupté, visible et mobile comme l'atmosphère, vous saisit sur vos fauteuils, alors qu'une cuillère à la main vous effilez des glaces ou des sorbets, une ville à vos pieds, de belles femmes devant vous ; ces heures à la Boccace ne se trouvent qu'en Italie et aux bords de la Méditerranée.

Supposez autour de la table le marquis di Nègro, ce frère hospitalier de tous les talents qui voyagent, et le marquis Damaso Pareto, deux Français déguisés en Génois, un Consul-Général entouré d'une femme belle comme une madone et de deux enfants silencieux, parce que le sommeil les a saisis, l'ambassadeur de France et sa femme, un premier secrétaire d'ambassade qui se croit éteint et malicieux, enfin deux Parisiens qui viennent prendre congé de la consulesse dans un dîner splendide, vous aurez le tableau que présentait la terrasse de la villa vers la mi-mai, tableau dominé par un personnage, par une femme célèbre sur laquelle les regards se concentrent par moments, et l'héroïne de cette fête improvisée.

L'un des deux Français était le fameux paysagiste Léon de Lora, l'autre un célèbre critique, Claude Vignon. Tous deux, ils accompagnaient cette femme, une des illustrations actuelles du beau sexe, mademoiselle des Touches, connue sous le nom de Camille Maupin dans le monde littéraire.

Mademoiselle des Touches était allée à Florence pour affaire. Par une de ces charmantes complaisances qu'elle prodigue, elle avait emmené Léon de Lora pour lui montrer l'Italie, et avait poussé jusqu'à Rome pour lui montrer la campagne de Rome. Venue par le Simplon, elle revenait par le chemin de la Corniche à Marseille. Toujours à cause du paysagiste, elle s'était arrêtée à Gênes.

Naturellement le Consul-Général avait voulu faire, avant l'arrivée de la cour, les honneurs de Gênes à une personne que sa fortune, son nom et sa position recommandent autant que son talent. Camille Maupin, qui connaissait Gênes jusque dans ses dernières chapelles, laissa son paysagiste aux soins du diplomate, à ceux des deux marquis génois, et fut avare de ses instants.

Quoique l'ambassadeur fût un écrivain très-distingué, la femme célèbre refusa de se prêter à ses gracieusetés, en craignant ce que les Anglais appellent une *exhibition*; mais elle rentra les griffes de ses refus dès qu'il fut question d'une journée d'adieu à la villa du consul. Léon de Lora dit à Camille que sa présence à la villa était la seule manière qu'il eût de remercier l'ambassadeur et sa femme, les deux marquis génois, le consul et la consulesse. Mademoiselle des Touches fit alors le sacrifice d'une de ces journées de liberté complète qui ne se rencontrent pas toujours à Paris pour ceux sur qui le monde a les yeux.

CHAPITRE III.

III

Histoire mystérieuse d'un consul-général.

Maintenant, une fois la réunion expliquée, il est facile de concevoir que l'étiquette en avait été bannie, ainsi que beaucoup de femmes et des plus élevées, curieuses de savoir si la virilité du talent de Camille Maupin nuisait aux grâces de la jolie femme, et si, en un mot, le haut-de-chausses dépassait la jupe.

Depuis le dîner jusqu'à neuf heures, moment où la collation fut servie, si la conversation avait été rieuse et grave tour à tour, sans cesse égayée par les traits de Léon de Lora, qui passe pour l'homme le plus malicieux du Paris actuel, par un bon goût qui ne surprendra pas d'après le choix des convives, il avait été peu question de littérature; mais enfin le papillonnement de ce tournoi français devait y arriver, ne fût-ce que pour effleurer ce sujet essentiellement national. Mais avant d'arriver au tournant de conversation qui fit prendre la parole au Consul-Général, il n'est pas inutile de dire un mot sur sa famille et sur lui.

Ce diplomate, homme d'environ trente-quatre ans, marié depuis six ans, était le portrait vivant de lord Byron. La célébrité de cette physionomie dispense de peindre celle du consul. On peut cependant faire observer qu'il n'y avait aucune affectation dans son air rêveur. Lord Byron était poète, et le diplomate était poétique; les femmes savent reconnaître cette différence qui explique, sans les justifier, quelques-uns de leurs attachements. Cette beauté, mise en relief par un charmant caractère, par les habitudes d'une vie solitaire et travailleuse, avait séduit une héritière génoise.

Une héritière génoise! cette expression pourra faire sourire à Gênes, où, par suite de l'exhérédation des filles, une femme est rarement riche; mais Onorina Pedrotti, l'unique enfant d'un banquier sans héritiers mâles, est une exception.

Malgré toutes les flatteries que comporte une passion inspirée, le Consul-Général ne parut pas vouloir se marier. Néanmoins, après deux ans d'habitation, après quelques démarches de l'ambassadeur pendant les séjours de la cour à Gênes, le mariage fut conclu. Le jeune homme rétracta ses premiers refus, moins à cause de la touchante affection d'Onorina Pedrotti qu'à cause d'un événement inconnu, d'une de ces crises de la vie intime si promptement ensevelies sous les courants journaliers des intérêts que, plus tard, les actions les plus naturelles semblent inexplicables. Cet enveloppement des causes affecte aussi très souvent les événements les plus sérieux de l'histoire.

Telle fut du moins l'opinion de la ville de Gênes, où, pour quelques femmes, l'exces-

sive retenue, la mélancolie du consul français
ne s'expliquaient que par le mot *passion*.

Remarquons en passant que les femmes ne
se plaignent jamais d'être les victimes d'une
préférence, elles s'immolent très bien à la
cause commune. Onorina Pedrotti, qui peut-
être aurait haï le consul si elle eût été dédai-
gnée absolument, n'en aimait pas moins, et
peut-être plus, *suo sposo*, en le sachant
amoureux. Les femmes admettent la pré-
séance dans les affaires de cœur. Tout est
sauvé, dès qu'il s'agit du sexe.

Un homme n'est jamais diplomate impu-
nément : le *sposo* fut discret comme la tombe,
et si discret que les négociants de Gênes
voulurent voir quelque préméditation dans
l'attitude du jeune consul, à qui l'héritière
eût peut-être échappé s'il n'eût pas joué ce

rôle de Malade Imaginaire en amour. Si c'était la vérité, les femmes la trouvèrent trop dégradante pour y croire. La fille de Pedrotti fit de son amour une consolation, elle berça ces douleurs inconnues dans un lit de tendresses et de caresses italiennes.

Il signor Pedrotti n'eut pas d'ailleurs à se plaindre du choix auquel il était contraint par sa fille bien-aimée. Des protecteurs puissants veillaient de Paris sur la fortune du jeune diplomate. Selon la promesse de l'ambassadeur au beau-père, le Consul-Général fut créé baron et fait commandeur de la Légion-d'Honneur. Enfin, *il signor* Pedrotti fut nommé comte par le roi de Sardaigne. La dot fut d'un million.

Quant à la fortune de la *casa* Pedrotti, évaluée à deux millions gagnés dans le commerce des blés, elle échut aux mariés six mois après leur union, car le premier et le dernier des comtes Pedrotti mourut en janvier 1834.

CHAPITRE IV.

IV.

La consulesse.

Onorina Pedrotti est une de ces belles Génoises, les plus magnifiques créatures de l'Italie, quand elles sont belles. Pour le tombeau de Julien, Michel-Ange prit ses modèles à Gênes. De là vient cette amplitude, cette curieuse disposition du sein dans les figures du Jour et de la Nuit, que tant de critiques trouvent exagérées, mais qui sont particulières aux femmes de la Ligurie.

A Gênes, la beauté n'existe plus aujourd'hui que sous le *mezzaro*, comme à Venise elle ne se rencontre que sous les *fazzioli*. Ce phénomène s'observe chez toutes les nations ruinées. Le type noble ne s'y trouve plus que dans le peuple, comme, après l'incendie, des villes, les médailles se cachent dans les cendres. Mais déjà tout exception sous le rapport de la fortune, Onorina est encore une exception comme beauté patricienne.

Rappelez-vous donc la Nuit que Michel-Ange a clouée sous le *Penseur*, affublez-la du vêtement moderne, tordez ces beaux cheveux si longs autour de cette magnifique tête un peu brune de ton, mettez une paillette de feu dans ces yeux rêveurs, entortillez cette puissante poitrine dans une écharpe, voyez la longue robe blanche brodée de fleurs, supposez que la statue redressée s'est assise et s'est croisé les bras, semblables à ceux de mademoiselle Georges, et vous aurez sous les yeux la consulesse avec un enfant de six ans, beau comme le désir d'une mère, et une petite fille de quatre ans sur les genoux, belle comme un type d'enfant laborieusement cherché par David le sculpteur pour l'ornement d'une tombe.

Ce beau ménage fut l'objet de l'attention secrète de Camille. Mademoiselle des Touches trouvait au consul un air un peu trop distrait chez un homme parfaitement heureux.

Quoique pendant cette journée la femme et le mari lui eussent offert le spectacle admirable du bonheur le plus entier, Camille se demandait pourquoi l'un des hommes les plus distingués qu'elle eût rencontrés, et qu'elle avait vu dans les salons de Paris, restait consul-général à Gênes, quand il possédait une fortune de cent et quelques mille francs de rentes! Mais elle avait aussi reconnu, par beaucoup de ces riens que les femmes ramassent avec l'intelligence du sage arabe dans Zadig, l'affection la plus fidèle chez le mari. Certes, c'est deux beaux êtres s'aimeraient sans mécompte jusqu'à la fin de leurs jours.

Camille se disait donc tour à tour : « — Qu'y a-t-il ? — Il n'y a rien ! » selon les apparences trompeuses du maintien chez le Consul-Général qui, disons-le, possédait le calme absolu des Anglais, des sauvages, des Orientaux et des diplomates consommés.

CHAPITRE V.

V.

Une autopsie sociale,

En parlant de littérature, on parla de l'éternel fonds de boutique de la république des lettres : la faute de la femme !

Et l'on se trouva bientôt en présence de deux opinions : qui, de la femme ou de l'homme avait tort dans la faute de la femme ?

Les trois femmes présentes, l'ambassadrice, la consulesse et mademoiselle des Touches, ces femmes censées naturellement irréprochables, furent impitoyables pour les femmes.

Les hommes essayèrent de prouver à ces trois belles fleurs du sexe qu'il pouvait rester des vertus à une femme après sa faute.

— Combien de temps allons nous jouer ainsi à cache-cache? dit Léon de Lora.

— *Cara vita* (ma chère vie), allez coucher vos enfans, et envoyez-moi par Gina le petit portefeuille noir qui est sur mon meuble de Boulle, dit le Consul à sa femme.

La consulesse se leva sans faire une observation, ce qui prouve qu'elle aimait bien son mari, car elle connaissait assez de français déjà pour savoir que son mari la renvoyait.

— Je vais vous raconter une histoire dans laquelle je joue un rôle, et après laquelle nous pourrons discuter, car il me paraît puéril de promener le scalpel sur un mort imaginaire. Pour disséquer, prenez d'abord un cadavre.

Tout le monde se posa pour écouter avec d'autant plus de complaisance que chacun avait assez parlé, la conversation allait languir, et ce moment est l'occasion que doivent choisir les conteurs. Voici donc ce que raconta le Consul-Général.

CHAPITRE VI.

VI.

Une idée de curé.

— A vingt-deux ans, une fois reçu docteur en droit, mon vieil oncle, l'abbé Loraux, alors âgé de soixante-douze ans, sentit la nécessité de me donner un protecteur et de me lancer dans une carrière quelconque.

Cet excellent homme, si toutefois ce ne fut pas un saint, regardait chaque nouvelle année comme un nouveau don de Dieu.

Je n'ai pas besoin de vous dire combien il était facile au confesseur d'une Altesse Royale de placer un jeune homme élevé par lui, l'unique enfant de sa sœur.

Un jour donc, vers la fin de l'année 1824, ce vénérable vieillard, depuis cinq ans curé des Blancs-Manteaux, à Paris, monta dans la chambre que j'occupais à son presbytère, dans des intentions paternelles.

— Fais ta toilette, mon enfant, me dit-il, je vais te présenter à la personne qui te prend chez elle en qualité de secrétaire. Si je ne me trompe, cette personne pourra me remplacer dans le cas où Dieu me rappellerait à lui. J'aurai dit ma messe à neuf heures, tu as trois quarts d'heure à toi, sois prêt.

— Ah! mon oncle, dois-je donc dire adieu à cette chambre où je suis si heureux depuis quatre ans?...

— Je n'ai pas de fortune à te léguer, me répondit-il.

— Ne me laissez-vous pas la protection de votre nom, le souvenir de vos œuvres, et...?

— Ne parlons pas de cet héritage-là, dit-il en souriant. Tu ne connais pas encore assez le monde pour savoir qu'il acquitterait difficilement un legs de cette nature; tandis qu'en te menant chez monsieur le comte...

— Permettez-moi, dit le consul en faisant une parenthèse, de vous désigner mon protecteur sous son nom de baptême seulement, et de l'appeler le comte Octave.

— Tandis qu'en te menant chez monsieur le comte Octave, je crois te donner une protection qui, si tu plais à ce vertueux homme d'état, comme je n'en doute pas, équivaudra certes à la fortune que je t'aurais amassée, si la ruine de mon beau-frère, et la mort de ma sœur, ne m'avaient surpris comme un coup de foudre par un jour serein.

— Etes-vous le confesseur de monsieur le comte?

— Et, si je l'étais, pourrais-je t'y placer? Quel est le prêtre capable de profiter des secrets dont la connaissance lui vient au tribunal de la pénitence? Non, tu dois cette protection à sa Grandeur le Garde des Sceaux. Mon cher Maurice, tu seras là comme chez un père. Monsieur le comte te donne deux-mille quatre cents francs d'appointements fixes, un logement dans son hôtel, une indemnité de douze cents francs pour ta nourriture : il ne t'admettra pas à sa table et ne veut pas te faire servir à part, afin de ne point te livrer à des soins subalternes. Je n'ai pas accepté l'offre qu'on m'a faite avant d'avoir acquis la certitude que le secrétaire du comte Octave ne sera jamais un premier domestique. Tu seras accablé de travaux, car le comte est un grand travailleur ; mais tu sortiras de chez lui capable de remplir les plus hautes places. Je n'ai pas besoin de te recommander la discrétion, la première vertu des hommes qui se destinent à des fonctions publiques.

Jugez quelle fut ma curiosité ! Le comte Octave occupait alors l'une des plus hautes places de la magistrature, il possédait la confiance de madame la Dauphine, qui venait de le faire nommer ministre d'état, il menait une existence à peu près semblable à celle du comte de Sérizy, que vous connaissez, je crois, tous; mais plus obscure, car il demeurait au Marais, rue Payenne, et ne recevait presque jamais. Sa vie privée échappait au contrôle du public par une modestie cénobite et par un travail continu. Laissez-moi vous peindre en peu de mots ma situation.

CHAPITRE VII.

VII

Peinture d'une jeunesse.

— Après avoir trouvé dans le grave proviseur du collége Saint-Louis un tuteur à qui mon oncle avait délégué ses pouvoirs, j'avais fini mes classes à dix-huit ans. J'étais sorti de ce collége aussi pur qu'un séminariste plein de foi sort de Saint-Sulpice. A son lit de mort, ma mère avait obtenu de mon oncle que je ne serais pas prêtre; mais j'étais aussi pieux que si j'avais dû entrer dans les Ordres.

Au *déjucher* du collége, pour employer un vieux mot très pittoresque, l'abbé Loraux me prit dans sa cure et me fit faire mon Droit.

Pendant les quatre années d'études voulues pour prendre tous les grades, je travaillai beaucoup et surtout en dehors des champs arides de la jurisprudence. Sevré de littérature au collége, où je demeurais chez le proviseur, j'avais une soif à étancher. Dès que j'eus lu quelques-uns des chefs-d'œuvre modernes, les œuvres de tous les siècles précédents y passèrent. Je devins fou du théâtre, j'y allai tous les jours pendant longtemps, quoique mon oncle ne me donnât que cent francs par mois.

Cette parcimonie, à laquelle sa tendresse pour les pauvres réduisait ce bon vieillard, eut pour effet de contenir les appétits du jeune homme en de justes bornes. Au moment d'entrer chez le comte Octave, je n'étais pas un innocent, mais je regardais comme autant de crimes mes rares escapades. Mon oncle était si vraiment angélique, je craignais tant de le chagriner, que jamais je n'avais passé de nuit dehors durant ces quatre années. Ce bon homme attendait, pour se coucher, que je fusse rentré. Cette sollicitude maternelle avait plus de puissance pour me retenir que tous les sermons et les reproches dont on émaille la vie des jeunes gens dans les familles puritaines.

Étranger aux différents mondes qui composent la société parisienne, je ne savais des femmes comme il faut et des bourgeoises que ce que j'en voyais en me promenant, ou dans les loges au théâtre, et encore à la distance du parterre où j'étais. Si, dans ce temps, on m'eût dit : « Vous allez voir Canalis ou Camille Maupin, » j'aurais eu des brasiers dans la tête et dans les entrailles. Les gens célèbres étaient pour moi comme des dieux qui ne parlaient pas, ne marchaient pas, ne mangeaient pas comme les autres hommes.

Combien de contes des *Mille et une Nuits* tient-il dans une adolescence? Combien de Lampes Merveilleuses faut-il avoir maniées avant de reconnaître que la vraie Lampe Merveilleuse est ou le hasard, ou le travail, ou le génie?

Pour quelques hommes, ce rêve fait par

l'esprit éveillé dure peu ; le mien dure encore! Dans ce temps je m'endormais toujours grand-duc de Toscane, — millionnaire, — aimé par une princesse, — ou célèbre!

Ainsi, entrer chez le comte Octave, avoir cent louis à moi par an, ce fut entrer dans la vie indépendante. J'entrevis quelques chances de pénétrer dans la société, d'y chercher ce que mon cœur désirait le plus, une protectrice qui me tirât de la voie dangereuse où s'engagent nécessairement à Paris les jeunes gens de vingt-deux ans, quelque sages et bien élevés qu'ils soient. Je commençais à me craindre moi-même. L'étude obstinée du Droit des Gens, dans laquelle je m'étais plongé, ne suffisait pas toujours à réprimer de cruelles fantaisies.

Oui, parfois je m'abandonnais en pensée

à la vie du théâtre; je croyais pouvoir être un grand acteur; je rêvais des triomphes et des amours sans fin, ignorant les déceptions cachées derrière le rideau, comme, partout ailleurs, car toute scène a ses coulisses. Je suis quelquefois sorti, le cœur bouillant, emmené par le désir de faire une battue dans Paris, de m'y attacher à une belle femme que je rencontrerais, de la suivre jusqu'à sa porte, de l'espionner, de lui écrire, de me confier à elle tout entier, et de la vaincre à force d'amour.

Mon pauvre oncle, ce cœur dévoré de charité, cet enfant de soixante-dix ans, intelligent comme Dieu, naïf comme un homme de génie, devinait sans doute les tumultes de mon ame, car jamais il ne faillit à me dire : — Va, Maurice, tu es un pauvre aussi ! voici vingt francs, amuse-toi, tu n'es pas prêtre !

quand il sentait la corde par laquelle il me tenait trop tendue et près de se rompre. Si vous aviez pu voir le feu follet qui dorait alors ses yeux gris, le sourire qui dénouait ses aimables lèvres en les tirant vers les coins de sa bouche, enfin l'adorable expression de ce visage auguste dont la laideur primitive était rectifiée par un esprit apostolique, vous comprendriez le sentiment qui me faisait, pour toute réponse, embrasser le curé des Blancs-Manteaux, comme si c'eût été ma mère.

CHAPITRE VIII.

VIII

Un vieil hôtel.

— Tu n'auras pas un maître, me dit mon oncle en allant rue Payenne, tu auras un ami dans le comte Octave ; mais il est défiant, ou, pour parler plus correctement, il est prudent. L'amitié de cet homme d'état ne doit s'acquérir qu'avec le temps ; car, malgré sa perspicacité profonde et son habitude de juger les hommes, il a été trompé par celui à qui tu succèdes, il a failli devenir victime d'un abus de confiance. C'est t'en dire assez sur la conduite à tenir chez lui.

En frappant à l'immense grande porte d'un hôtel aussi vaste que l'hôtel Carnavalet et sis entre cour et jardin, le coup retentit comme dans une solitude.

Pendant que mon oncle demandait le comte à un vieux suisse en livrée, je jetai un de ces regards qui voient tout sur la cour où les pavés disparaissaient entre les herbes, sur les murs noirs qui offraient de petits jardins au-dessus de toutes les décorations d'une charmante architecture, et sur des toits élevés comme ceux des Tuileries. Les balustres des galeries supérieures étaient rongés.

Par une magnifique arcade, j'aperçus une seconde cour latérale où se trouvaient les communs dont les portes se pourrissaient. Un vieux cocher y nettoyait une vieille voiture. A l'air nonchalant de ce domestique, il était facile de présumer que les somptueuses écuries où tant de chevaux hennissaient autrefois, en logeaient tout au plus deux.

La superbe façade de la cour me sembla morne, comme celle d'un hôtel appartenant à l'État ou à la Couronne, et abandonné à quelque service public.

Un coup de cloche retentit pendant que nous allions, mon oncle et moi, de la loge du suisse (il y avait encore écrit au-dessus de la porte : *Parlez au suisse*), vers le perron d'où sortit un valet dont la livrée ressemblait à celle des Labranche du Théâtre-Français dans le vieux répertoire.

Une visite était si rare, que le domestique achevait d'endosser sa casaque, en ouvrant une porte vitrée en petit carreaux, de chaque côté de laquelle la fumée de deux réverbères avait dessiné des étoiles sur la muraille.

Un péristyle d'une magnificence digne de Versailles laissait voir un de ces escaliers comme il ne s'en construira plus en France, et qui tiennent la place d'une maison moderne.

En montant des marches en pierre, froides comme des tombes, et sur lesquelles huit personnes devaient marcher de front, nos pas retentissaient sous des voûtes sonores. On pouvait se croire dans une cathédrale. Les rampes amusaient le regard par les miracles de cette orfèvrerie de serrurier, où se déroulaient les fantaisies de quelque artiste du règne de Henri III.

Saisis par un manteau de glace qui nous tomba sur les épaules, nous traversâmes des antichambres, des salons en enfilade, parquetés, sans tapis, meublés de ces vieilleries superbes qui, de là, retombent chez les marchands de curiosités.

Enfin nous arrivâmes à un grand cabinet situé dans un pavillon en équerre dont toutes les croisées donnaient sur un vaste jardin.

CHAPITRE IX.

IX.

Un Portrait.

— Monsieur le curé des Blancs-Manteaux et son neveu, monsieur de l'Hostal! dit le Labranche aux soins de qui le valet de théâtre nous avait remis à la première antichambre.

Le comte Octave, vêtu d'un pantalon à

pieds et d'une redingote en molleton gris, se leva d'un immense bureau, vint à la cheminée, et me fit signe de m'asseoir, en allant prendre les mains de mon oncle et en les lui serrant.

— Quoique je sois sur la paroisse de Saint-Paul, lui dit-il, il est difficile que je n'aie pas entendu parler du curé des Blancs-Manteaux, et je suis heureux de faire sa connaissance.

— Votre excellence est bien bonne, répondit mon oncle. Je vous amène le seul parent qui me reste. Si je crois faire un cadeau à Votre Excellence, je pense aussi donner un second père à mon neveu.

— C'est sur quoi je pourrai vous répondre, monsieur l'abbé, quand nous nous serons éprouvés l'un l'autre, votre neveu et

moi, dit le comte Octave. Vous vous nommez?
me demanda-t-il.

— Maurice.

— Il est docteur en droit, fit observer mon
oncle.

— Bien, bien, dit le comte en me regardant de la tête aux pieds.

— Monsieur l'abbé, j'espère que, pour
votre neveu d'abord, puis pour moi, vous me
ferez l'honneur de venir dîner ici tous les
lundis. Ce sera notre dîner, notre soirée de
famille.

Mon oncle et le comte se mirent à causer
religion au point de vue politique, œuvres de
charité, répression des délits, et je pus alors
examiner à mon aise l'homme de qui ma destinée allait dépendre.

Le comte était de moyenne taille, il me fut impossible de juger de ses proportions à cause de son habillement ; mais il me parut maigre et sec. La figure était âpre et creusée. Les traits avaient de la finesse. La bouche, un peu grande, exprimait à la fois l'ironie et la bonté. Le front, trop vaste peut-être, effrayait comme si c'eût été celui d'un fou, d'autant plus qu'il contrastait avec le bas de la figure, terminée brusquement par un petit menton très rapproché de la lèvre inférieure. Deux yeux d'un bleu de turquoise, vifs et intelligents comme ceux du prince de Talleyrand que j'admirai plus tard, également doués, comme ceux du prince, de la faculté de se taire au point de devenir mornes, ajoutaient à l'étrangeté de cette face, non point pâle, mais jaune. Cette coloration semblait annoncer un caractère irritable et des passions violentes. Les cheveux argentés déjà, peignés avec soin, sillonnaient la tête par les couleurs alternées du blanc et du noir. La coquetterie de cette coiffure nuisait à la ressemblance que je trouvais au comte avec ce moine extraordinaire que Lewis a mis en scène d'après le *Schedoni* du *Confessionnal des Pénitents noirs* qui, selon moi, me paraît une création supérieure à celle du *Moine*. En homme qui devait se rendre de bonne heure au Palais, le comte avait déjà la barbe faite.

Deux flambeaux à quatre branches et garnis d'abat-jours, placés aux deux extrémités du bureau, et dont les bougies brûlaient encore, disaient assez que le magistrat se levait bien avant le jour. Ses mains, que je vis quand il prit le cordon de la sonnette pour faire venir son valet de chambre, étaient fort belles, et blanches comme des mains de femme...

(— En vous racontant cette histoire, dit le Consul-Général qui s'interrompit, je dénature la position sociale et les titres de ce personnage, tout en vous le montrant dans une situation analogue à la sienne. État, dignité, luxe, fortune, train de vie, tous ces détails sont vrais; mais je ne veux manquer ni à mon bienfaiteur ni à mes habitudes de discrétion.)

CHAPITRE X.

X.

Le jeune vieillard,

— Au lieu de me sentir ce que j'étais, reprit le Consul-Général après une pause, socialement parlant, un insecte devint un aigle, j'éprouvai je ne sais quel sentiment indéfinissable à l'aspect du comte, et que je puis expliquer aujourd'hui. Les artistes de génie...

(Il s'inclina gracieusement devant l'ambassadeur, la femme célèbre et les deux Parisiens.)

.... Les véritables hommes d'état, les poètes, un général qui a commandé des armées, enfin les personnes réellement grandes sont simples; et leur simplicité vous met de plainpied avec elles.

Vous qui êtes supérieurs par la pensée, peut-être avez-vous remarqué, dit-il en s'adressant à ses hôtes, combien le sentiment rapproche les distances morales qu'a créées la société. Si nous vous sommes inférieurs par l'esprit, nous pouvons vous égaler par le dévouement en amitié.

A la température (passez-moi ce mot) de nos cœurs, je me sentis aussi près de mon protecteur que j'étais loin de lui par le rang.

Enfin, l'ame a sa clairvoyance, elle pressent la douleur, le chagrin, la joie, l'animadversion chez autrui.

Je reconnus donc vaguement les symptômes d'un mystère, en reconnaissant chez le comte les mêmes effets de physionomie que j'avais observés chez mon oncle. L'exercice des vertus, la sérénité de la conscience, la pureté de la pensée avaient transfiguré mon oncle, qui de laid devint très beau.

J'aperçus une métamorphose inverse dans le visage du comte : au premier coup-d'œil, je lui donnai cinquante-cinq ans; mais, après un examen attentif, je reconnus une jeunesse ensevelie sous les glaces d'un profond chagrin, sous la fatigue des études obstinées, sous les teintes chaudes de quelque passion contrariée.

A un mot de mon oncle, les yeux du comte

reprirent pour un moment la fraîcheur d'une pervenche, il eut un sourire d'admiration qui me le montra à un âge, que je crus le véritable, à quarante ans.

Ces observations, je ne les fis pas alors, mais plus tard, en me rappelant les circonstances de cette visite.

Le valet de chambre entra tenant un plateau sur lequel était le déjeûner de son maître.

— Je ne demande pas mon déjeûner, dit le comte, laissez-le cependant, et allez montrer à monsieur son appartement.

Je suivis le valet de chambre, qui me conduisit à un joli logement complet, situé sous une terrasse, entre la cour d'honneur et les communs, au-dessus d'une galerie par la quelle les cuisines communiquaient avec le grand escalier de l'hôtel. Quand je revins au cabinet du comte, j'entendis, avant d'ouvrir la porte, mon oncle prononçant sur moi cet arrêt :

— Il pourrait faire une faute, car il a beaucoup de cœur, et nous sommes tous sujets à d'honorables erreurs ; mais il est sans aucun vice.

— Eh bien, me dit le comte en me jetant un regard affectueux, vous plairez-vous là ? dites ? Il se trouve tant d'appartements dans cette caserne, que si vous n'étiez pas bien je vous caserais ailleurs.

— Je n'avais qu'une chambre chez mon oncle, répondis-je.

— Eh ! bien, vous pouvez être installé ce soir, me dit le comte, car vous avez sans doute le mobilier de tous les étudiants, un fiacre suffit à le transporter. Pour aujourd'hui, nous dînerons ensemble, tous trois, » ajouta-t-il en regardant mon oncle.

Une magnifique bibliothèque attenait au cabinet du comte, il nous y mena, me fit voir un petit réduit coquet et orné de peintures qui devait avoir jadis servi d'oratoire.

— Voici votre cellule, me dit-il, vous vous tiendrez là quand vous aurez à travailler avec moi, car vous ne serez pas à la chaîne.

Et il me détailla le genre et la durée de mes occupations chez lui; en l'écoutant, je reconnus en lui un grand précepteur politique.

CHAPITRE XI.

XI.

Un drame inconnu.

Je mis un mois environ à me familiariser avec les êtres et les choses, à étudier les devoirs de ma nouvelle position, et à m'accoutumer aux façons du comte.

Un secrétaire observe nécessairement l'homme qui se sert de lui. Les goûts, les passions, le caractère, les manies de cet homme deviennent l'objet d'une étude involontaire. L'union de ces deux esprits est à la fois plus et moins qu'un mariage.

Pendant trois mois, le comte Octave et moi, nous nous espionnâmes réciproquement. J'appris avec étonnement que le comte n'avait que trente-sept ans. La paix purement extérieure de sa vie et la sagesse de sa conduite ne procédaient pas uniquement d'un sentiment profond du devoir et d'une réflexion stoïque. En pratiquant cet homme, extraordinaire pour ceux qui le connaissent bien, je sentis de vastes profondeurs sous ses travaux, sous les actes de sa politesse, sous son masque de bienveillance, sous son attitude résignée qui ressemblait tant au calme qu'on pouvait s'y tromper.

De même qu'en marchant dans les forêts,

certains terrains laissent deviner par le son qu'ils rendent sous les pas de grandes masses de pierre ou le vide ; de même l'égoïsme en bloc caché sous les fleurs de la politesse, et les souterrains minés par le malheur sonnent creux au contact perpétuel de la vie intime.

La douleur et non le découragement habitait cette âme vraiment grande. Le comte avait compris que l'Action, que le Fait est la loi suprême de l'homme social. Aussi marchait-il dans sa voie malgré de secrètes blessures, en regardant l'avenir d'un œil serein, comme un martyr plein de foi.

Sa tristesse cachée, l'amère déception dont il souffrait ne l'avaient pas amené dans les landes philosophiques de l'Incrédulité ; ce courageux homme d'État était religieux, mais sans aucune ostentation : il allait à la première messe qui se disait à Saint-Paul pour les artisans et pour les domestiques pieux. Aucun de ses amis, personne à la Cour ne savait qu'il observât si fidèlement les pratiques de la religion. Il cultivait Dieu comme certains honnêtes gens cultivent un vice, avec un profond mystère.

Aussi devais-je trouver un jour le comte monté sur une Alpe de malheur bien plus élevée que celle où se tiennent ceux qui se croient les plus éprouvés, qui raillent les passions et les croyances d'autrui parce qu'ils ont vaincu les leurs, qui varient sur tous les tons l'ironie et le dédain. Il ne se moquait alors ni de ceux qui suivent encore l'Espérance dans les marais où elle vous emmène, ni de ceux qui gravissent un pic pour s'isoler, ni de ceux qui persistent dans leur lutte en rougissant l'arène de leur sang, et la jonchant de leurs illusions ; il voyait le monde en son entier, il dominait les croyances, il écoutait les plaintes, il doutait des affections et surtout des dévouements ; mais ce grand, ce sévère magistrat y compâtissait, il les admirait, non pas avec un enthousisme passager, mais par le silence, par le recueillement, par la communion de l'âme attendrie.

C'était une espèce de Manfred catholique et sans crime, portant la curiosité dans sa foi, fondant les neiges à la chaleur d'un volcan sans issue, conversant avec une étoile que lui seul voyait !

Je reconnus bien des obscurités dans sa vie extérieure. Il se dérobait à mes regards non pas comme le voyageur qui, suivant une route, disparaît au gré des caprices du terrain dans les fondrières et les ravins ; mais en tirailleur épié qui veut se cacher et qui cherche des abris. Je ne m'expliquais pas de fréquentes absences faites au moment où il travaillait le plus, et qu'il ne me déguisait point, car il me disait : « Continuez pour moi, » en me confiant sa besogne.

Cet homme, si profondément enseveli dans les triples obligations de l'homme d'État, du Magistrat et de l'Orateur, me plut par ce goût qui révèle une belle âme et que les gens délicats ont presque tous pour les fleurs. Son jardin et son cabinet étaient pleins des plantes les plus curieuses, mais qu'il achetait toujours fanées. Peut-être se complaisait-il dans cette image de sa destinée?... il était fané comme ces fleurs près d'expirer, et dont les parfums presque décomposés lui causaient d'étranges ivresses.

Le comte aimait son pays, il se dévouait aux intérêts publics avec la furie d'un cœur qui veut tromper une autre passion ; mais l'étude, le travail où il se plongeait ne lui suffisaient pas ; il se livrait en lui d'affreux combats dont quelques éclats m'atteignirent.

Enfin, il laissait entendre de navrantes aspirations vers le bonheur, et me paraissait devoir être heureux encore ; mais quel était l'obstacle ?

Aimait-il une femme ? Ce fut une question que je me posai. Jugez de l'étendue des cercles de douleur que ma pensée dut interroger avant d'en venir à une si simple et si redoutable question !

Malgré ses efforts, mon patron ne réussissait donc pas à étouffer le jeu de son cœur. Sous sa pose austère, sous le silence du magistrat, s'agitait une passion contenue avec tant de puissance, que personne, excepté moi, son commensal, ne devina ce secret. Sa devise semblait être : « Je souffre et je me tais. »

Le cortége de respect et d'admiration qui le suivait, l'amitié des travailleurs intrépides comme lui, des présidents Grandville et Sérizy n'avaient aucune prise sur le comte : ou ils ne leur livrait rien, ou ils savaient tout.

Impassible, la tête haute en public, le comte ne laissait voir l'homme qu'en de rares instans, quand, seul dans son jardin, dans son cabinet, il ne se croyait pas observé ; mais alors il devenait enfant, il donnait carrière aux larmes dévorées sous sa toge, aux exaltations qui, peut-être mal interprétées, eussent nui à sa réputation de perspicacité comme homme d'état.

Quand toutes ces choses furent à l'état de certitude pour moi, le comte Octave eut tous les attraits d'un problème, et obtint autant d'affection que s'il eût été mon propre père. Comprenez-vous la curiosité comprimée par le respect?...

Quel malheur avait foudroyé ce savant voué depuis l'âge de dix-huit ans, comme Pitt, aux études que veut le pouvoir, et qui n'avait pas d'ambition; ce juge, qui savait le Droit diplomatique, le Droit politique, le Droit civil et le Droit criminel, et qui pouvait y trouver des armes contre toutes les inquiétudes ou contre toutes les erreurs; ce profond législateur, cet écrivain sérieux, ce religieux célibataire dont la vie disait assez qu'il n'encourait aucun reproche?

Un criminel n'eût pas été puni plus sévèrement par Dieu que l'était mon patron : le chagrin avait emporté la moitié de son sommeil, il ne dormait plus que quatre heures !

Quelle lutte existait au fond de ces heures qui passaient en apparence calmes, studieuses, sans bruit ni murmure, et pendant lesquelles je le surpris souvent la plume tombée de ses doigts, la tête appuyée sur une de ses mains, les yeux comme deux étoiles fixes et quelquefois mouillées de larmes? Comment l'eau de cette source vive courait-elle sur une grève brillante sans que le feu souterrain la desséchât ?..... Y avait-il, comme sous la mer, entre elle et le foyer du globe, un lit de granit ? Enfin, le volcan éclaterait-il ?....

Parfois le comte me regardait avec la curiosité sagace et perspicace, quoique rapide, par laquelle un homme en examine un autre quand il cherche un complice ; puis il fuyait mes yeux en les voyant s'ouvrir, en quelque sorte, comme une bouche qui veut une réponse, et qui semble dire :

— Parlez le premier !

Par moments, le comte Octave était d'une tristesse sauvage et bourrue. Si les écarts de cette humeur me blessaient, il savait revenir sans me demander le moindre pardon ; mais ses manières devenaient alors gracieuses jusqu'à l'humilité du chrétien.

CHAPITRE XII

XII

Une noble amitié.

Quand je fus filialement attaché à cet homme mystérieux pour moi, si compréhensible pour le monde à qui le mot *original* suffit pour expliquer toutes les énigmes du cœur, je changeai la face de la maison.

L'abandon de ses intérêts allait, chez le

comte, jusqu'à la bêtise dans la conduite de
ses affaires. Riche d'environ cent soixante
mille francs de rentes, sans compter les émo-
luments de ses places, dont trois n'étaient pas
sujettes à la loi du cumul, il dépensait
soixante mille francs, sur lesquelles trente
au moins allaient à ses domestiques.

A la fin de la première année, je renvoyai
tous ces fripons, et priai son excellence d'user
de son crédit pour m'aider à trouver d'honnêtes gens. A la fin de la seconde année, le
comte, mieux traité, mieux servi, jouissait
du *comfort* moderne ; il avait de beaux chevaux appartenant à un cocher à qui je donnais tant par mois pour chaque cheval ; ses
dîners, les jours de réception, servis par Che-
vet à prix débattus, lui faisaient honneur ;
l'ordinaire regardait une excellente cuisinière

que me procura mon oncle et que deux filles de cuisine aidaient ; la dépense, non compris les acquisitions, ne se montait plus qu'à trente mille francs ; nous avions deux domestiques de plus, dont les soins rendirent à l'hôtel toute sa poésie, car ce vieux palais, si beau dans sa rouille, avait une majesté que l'incurie déshonorait.

« — Je ne m'étonne plus, dit-il en apprenant ces résultats, des fortunes que faisaient mes gens. En sept ans, j'ai eu deux cuisiniers devenus de riches restaurateurs !

— Vous avez perdu trois cents mille francs en sept ans, repris-je. Et vous, magistrat qui signez au Palais des réquisitoires contre le crime, vous encouragiez le vol chez vous. »

Au commencement de l'année 1826, le

comte avait sans doute achevé de m'observer, et nous étions aussi liés que peuvent l'être deux hommes quand l'un est le subordonné de l'autre. Il ne m'avait rien dit de mon avenir; mais il s'était attaché, comme un maître et comme un père, à m'instruire. Il me fit souvent rassembler les matériaux de ses travaux les plus ardus; je rédigeai quelques-uns de ses rapports, et il me les corrigeait en me montrant les différences de ses interprétations de la loi, de ses vues et des miennes.

Quand enfin j'eus produit un travail qu'il pût donner comme sien, il en eut une joie qui me servit de récompense, et il s'aperçut que je la prenais ainsi. Ce petit incident si rapide produisit sur cette ame, en apparence sévère, un effet extraordinaire. Le comte me jugea, pour me servir de la langue judiciaire, en dernier ressort et souverainement : il me prit par la tête et me baisa sur le front.

— Maurice, s'écria-t-il, vous n'êtes plus mon compagnon, je ne sais pas encore ce que vous me serez ; mais si ma vie ne change pas, peut-être me tiendrez-vous lieu de fils !

Le comte Octave m'avait présenté dans les meilleures maisons de Paris où j'allais à sa place, avec ses gens et sa voiture, dans les occasions trop fréquentes où, près de partir, il changeait d'avis et faisait venir son cabriolet de place, pour aller.... où ?... Là était le mystère.

Par l'accueil qu'on me faisait, je devinais les sentiments du comte à mon égard et le sérieux de ses recommandations. Attentif comme un père, il fournissait à tous mes besoins avec d'autant plus de libéralité que ma discrétion l'obligeait à toujours penser à moi.

Vers la fin du mois de janvier 1827, chez madame la comtesse de Sérizy, j'éprouvai des chances si constamment mauvaises au jeu, que je perdis deux mille francs, et je ne voulus pas les prendre sur ma caisse. Le lendemain, je me disais : « Dois-je aller les demander à mon oncle ou me confier au comte? »

— Hier, lui dis-je pendant qu'il déjeûnait, j'ai constamment perdu au jeu, je me suis piqué, j'ai continué; je dois deux mille francs. Me permettez-vous de prendre ces deux mille francs en compte sur mes appointemens de l'année?

— Non, me dit-il avec un charmant sourire. Quand on joue dans le monde, il faut avoir une bourse de jeu. Prenez six mille francs, payez vos dettes, nous serons de moitié à compter d'aujourd'hui, car si vous me représentez la plupart du temps, au moins votre amour-propre n'en doit-il pas souffrir.

Je ne remerciai pas le comte. Un remerciement lui aurait paru de trop entre nous. Cette nuance vous indique la nature de nos relations.

CHAPITRE XIII.

XIII

Les trois coups d'avant le lever du rideau.

Néanmoins nous n'avions pas encore l'un et l'autre une confiance illimitée; il ne m'ouvrait pas ces immenses souterrains que j'avais reconnus dans sa vie secrète, et moi je ne lui disais pas : « Qu'avez-vous? de quel mal souffrez-vous? »

» Que faisait-il pendant ses longues soirées ? Souvent, il rentrait ou à pied ou dans un cabriolet de place, quand je revenais en voiture, moi, son secrétaire ! Un homme si pieux était-il donc la proie de vices cachés avec hypocrisie ?

» Employait-il toutes les forces de son esprit à satisfaire une jalousie plus habile que celle d'Othello ? Vivait-il avec une femme indigne de lui ?

» Un matin, en revenant de chez je ne sais quel fournisseur acquitter un mémoire, entre Saint-Paul et l'Hôtel-de-Ville, je surpris le comte Octave en conversation si animée avec une vieille femme, qu'il ne m'aperçut pas. La physionomie de cette vieille me donna d'étranges soupçons, des soupçons d'autant plus fondés que je ne voyais pas faire au comte l'emploi de ses économies.

N'est-ce pas horrible à penser? je me faisais le censeur de mon patron.

Dans ce moment, je lui savais plus de six cent mille francs à placer, et s'il les avait employés en inscriptions de rentes, sa confiance en moi était tellement entière en tout ce qui touchait ses intérêts, que je ne devais pas l'ignorer.

Parfois le comte se promenait dans son jardin, le matin, en y tournant comme un homme pour qui la promenade est l'hippogriffe que monte une Mélancolie rêveuse. Il allait! il allait! il se frottait les mains à s'arracher l'épiderme! Et quand je le surprenais en l'abordant au détour d'une allée, je voyais sa figure épanouie. Ses yeux, au lieu d'avoir la sécheresse d'une turquoise, prenaient ce velouté de la pervenche qui m'avait tant frappé lors de ma première visite à cause du contraste étonnant de ces deux regards si différents : le regard de l'homme heureux, le regard de l'homme malheureux.

Deux ou trois fois, en ces moments, il m'avait saisi par le bras, il m'avait entraîné; puis il me disait : — « Que venez-vous me demander? » au lieu de déverser sa joie en mon cœur qui s'ouvrait à lui.

Plus souvent aussi, le malheureux, surtout depuis que je pouvais le remplacer dans ses travaux et faire ses rapports, restait des heures entières à contempler les poissons rouges qui fourmillaient dans un magnifique bassin de marbre au milieu de son jardin, et autour duquel les belles fleurs formaient un amphithéâtre.

Cet homme d'état semblait avoir réussi à passionner le plaisir machinal d'émietter du pain à des poissons.

Voilà comment se découvrit le drame de cette existence intérieure si profondément ravagée, si agitée, et où, dans un cercle oublié par le Dante dans son Enfer, il naissait d'horribles joies.

Le Consul-Général fit une pause.

CHAPITRE XIV.

XIV.

Une discussion du Conseil-d'État.

— Par un certain lundi, reprit-il, le hasard voulut que M. le président de Grandville et M. de Sérizy, alors Vice-Président du Conseil-d'État, fussent venus tenir une séance chez le comte Octave. Ils formaient, à eux trois, une commission de laquelle j'étais le secrétaire. Le comte m'avait déjà fait nommer auditeur au Conseil-d'État.

Tous les éléments nécessaires à l'examen de la question politique secrètement soumise à ces messieurs se trouvaient sur l'une des longues tables de notre bibliothèque. MM. de Grandville et de Sérizy s'en étaient remis au comte Octave pour le dépouillement préparatoire des documents relatifs à leur travail.

Afin d'éviter le transport des pièces chez M. de Sérizy, président de la commission, il était convenu qu'on se réunirait d'abord rue Payenne.

Le cabinet des Tuileries attachait une grande importance à ce travail, qui pesa sur moi principalement et auquel je dus, dans le cours de cette année, ma nomination de Maître des Requêtes.

Quoique les comtes de Grandville et de Sérizy, dont les habitudes ressemblaient fort à celles de mon patron, ne dînassent jamais hors de chez eux, nous fûmes surpris discutant encore à une heure si avancée que le valet de chambre me demanda pour me dire :

« — MM. les curés de Saint-Paul et des Blancs-Manteaux sont au salon depuis deux heures. »

Il était neuf heures !

« — Vous voilà, messieurs, obligés de faire un dîner de curés, dit en riant le comte

Octave à ses collègues. Je ne sais pas si Grandville surmontera sa répugnance pour la soutane.

« — C'est selon les curés.

« — Oh! l'un est mon oncle, et l'autre est l'abbé Gaudron, lui répondis-je. Soyez sans crainte, l'abbé Fontanon n'est plus vicaire à Saint-Paul...

« — Eh bien, dînons, répondit le président Grandville. Un dévot m'effraie; mais je ne sais personne de gai comme un homme vraiment pieux! »

Et nous nous rendîmes au salon.

Le dîner fut charmant. Les hommes réellement instruits, les politiques à qui les affaires donnent et une expérience consommée et l'habitude de la parole, sont d'adorables conteurs, quand ils savent conter. Il n'est pas de milieu pour eux, ou ils sont lourds, ou ils sont sublimes. A ce charmant jeu, le prince de Metternich est aussi fort que Charles Nodier. Taillée à facettes comme le diamant, la plaisanterie des hommes d'État est nette, étincelante et pleine de sens.

Sûr de l'observation des convenances au milieu de ces trois hommes supérieurs, mon oncle permit à son esprit de se déployer, esprit délicat, d'une douceur pénétrante, et fin comme celui de tous les gens habitués à cacher leurs pensées sous la robe. Comptez aussi qu'il n'y eut rien de vulgaire ni d'oiseux dans cette causerie que je comparerais volontiers, comme effet sur l'âme, à la musique de Rossini.

L'abbé Gaudron était, comme le dit M. Grandville, un saint Pierre plutôt qu'un saint Paul, un paysan plein de foi, carré de base comme de hauteur, un bœuf sacerdotal dont l'ignorance, en fait de monde et de littérature, anima la conversation par des étonnements naïfs et par des interrogations imprévues.

On finit par causer d'une des plaies inhérentes à l'état social et qui vient de nous occuper, de l'adultère! Mon oncle fit observer la contradiction que les législateurs du Code, encore sous le coup des orages révolutionnaires, y avaient établie entre la loi civile et la loi religieuse, et d'où, selon lui, venait tout le mal.

« — Pour l'église, dit-il, l'adultère est un crime; pour vos tribunaux, ce n'est qu'un délit. L'adultère se rend en carrosse à la Police Correctionnelle au lieu de monter sur les bancs de la Cour d'Assises. Le Conseil-d'État de Napoléon, pénétré de tendresse pour la femme coupable, a été plein d'impéritie. Ne fallait-il pas accorder en ceci la loi civile et la loi religieuse, envoyer au couvent, pour le reste de ses jours, comme autrefois, l'épouse coupable ?

« — Au couvent ! reprit M. de Sérizy, il aurait fallu d'abord créer des couvents, et, dans ce temps, on convertissait les monastères en casernes. Puis, y pensez-vous, monsieur l'abbé ?... donner à Dieu ce dont la Société ne veut pas !...

« — Oh ! dit le comte de Grandville, vous ne connaissez pas la France. On a dû laisser au mari le droit de se plaindre ; eh bien, il n'y a pas dix plaintes en adultère par an.

« — Monsieur l'abbé prêche pour son saint, car c'est Jésus-Christ qui a créé l'adultère, reprit le comte Octave. En Orient, berceau de l'Humanité, la femme ne fut qu'un plaisir, et y fut alors une chose; on ne lui demandait pas d'autres vertus que l'obéissance et la beauté. En mettant l'âme au-dessus du corps, la famille européenne moderne, fille de Jésus, a inventé le mariage indissoluble, elle en a fait un sacrement.

« — Ah! l'Église en reconnaissait bien toutes les difficultés, s'écria M. de Grandville.

« — Cette institution a produit un monde nouveau, reprit le comte en souriant; mais les mœurs de ce monde ne seront jamais celles des climats où la femme est nubile à sept ans et plus que vieille à vingt-cinq. L'Église catholique a oublié les nécessités d'une moitié du globe. Parlons donc uniquement de l'Europe. La femme nous est-elle inférieure ou supérieure? Telle est la vraie question par rapport à nous. Si la femme nous est inférieure, en l'élevant aussi haut que l'a fait l'Église, il fallait de terribles punitions à l'adultère. Aussi, jadis, a-t-on procédé ainsi. Le cloître ou la mort, voilà toute l'ancienne législation. Mais depuis, les mœurs ont modifié les lois, comme toujours. Le trône a servi de couche à l'adultère, et les progrès de ce joli crime ont marqué l'affaiblissement des dogmes de l'Église catholique. Aujourd'hui, là où l'Église ne demande plus qu'un repentir sincère à la femme en faute, la Société se contente d'une flétrissure au lieu d'un supplice. La loi condamne bien

encore les coupables, mais elle ne les inti-
mide plus. Enfin, il y a deux morales : la
morale du Monde et la morale du Code. Là
où le Code est faible, je le reconnais avec notre cher abbé, le Monde est audacieux et mo-
queur. Il est peu de juges qui ne voudraient
avoir commis le délit contre lequel ils déploient la foudre assez bonasse de leurs *con-
sidérants*. Le Monde, qui dément la loi, et
dans ses fêtes, et par ses usages, et par ses
plaisirs, est plus sévère que le Code et l'É-
glise : le Monde punit la maladresse après
avoir encouragé l'hypocrisie. L'économie de
la loi sur le mariage me semble à reprendre
de fond en comble. Peut-être la loi française
serait-elle parfaite si elle proclamait l'exhérédation des filles. »

CHAPITRE XV.

XV.

Le secret dévoilé.

— Nous connaissons à nous trois la question à fond, dit en riant le comte de Grandville. Moi, j'ai une femme avec laquelle je ne puis pas vivre. Sérizy a une femme qui ne veut pas vivre avec lui. Toi, Octave, la tienne t'a quitté. Nous résumons donc, à nous trois, tous les cas de conscience conjugale ; aussi composerons-nous, sans doute, la commission, si jamais on revient au divorce.

La fourchette d'Octave tomba sur son verre, le brisa, brisa l'assiette. Le comte, devenu pâle comme un mort, jeta sur le président de Grandville un regard foudroyant par lequel il me montrait, et que je surpris.

— Pardon, mon ami, je ne voyais pas Maurice, reprit le président de Grandville. Sérizy et moi nous avons été tes complices après t'avoir servi de témoins, je ne croyais donc pas faire une indiscrétion en présence de ces deux vénérables ecclésiastiques.

M. de Sérizy changea la conversation en racontant tout ce qu'il avait fait pour plaire à sa femme sans y parvenir jamais.

Ce vieillard conclut à l'impossibilité de réglementer les sympathies et les antipathies humaines, il soutint que la loi sociale n'était jamais plus parfaite que quand elle se rapprochait de la loi naturelle. Or, la nature ne tenait aucun compte de l'alliance des âmes, son but était atteint par la propagation de l'espèce. Donc le Code actuel avait été très sage en laissant une énorme latitude aux hasards. L'exhérédation des filles, tant qu'il y aurait des héritiers mâles, était une excellente modification, soit pour éviter l'abâtardissement des races, soit pour rendre les ménages plus heureux en supprimant des unions scandaleuses, en faisant rechercher uniquement les qualités morales et la beauté.

— Mais, ajouta-t-il en levant la main par

un geste de dégoût, le moyen de perfectionner une législation quand un pays a la prétention de réunir sept ou huit cents législateurs!... Après tout, reprit-il, si je suis sacrifié, j'ai un enfant qui me succédera...

— En laissant de côté toute question religieuse, reprit mon oncle, je ferai observer à votre excellence que la nature ne nous doit que la vie, et que la société nous doit le bonheur. Êtes-vous père? lui demanda mon oncle.

— Et moi, ai-je des enfans? dit d'une voix creuse le comte Octave dont l'accent causa de telles impressions que l'on ne parla plus ni femmes ni mariage.

Quand le café fut pris, les deux comtes et les deux curés s'évadèrent en voyant le pauvre Octave tombé dans un accès de mélancolie qui ne lui permit pas de s'apercevoir de ces disparitions successives.

Mon protecteur était assis sur une bergère, au coin du feu, dans l'attitude d'un homme anéanti.

— Vous connaissez le secret de ma vie, me dit-il en s'apercevant que nous nous trouvions seuls. Après trois ans de mariage, un soir, en rentrant, on m'a remis une lettre par laquelle la comtesse m'annonçait sa fuite. Cette lettre ne manquait pas de noblesse, car il est dans la nature des femmes de conserver encore des vertus en commettant cette faute horrible... Aujourd'hui, ma femme est censée s'être embarquée sur un vaisseau naufragé, elle passe pour morte. Je vis seul depuis sept ans!... Assez pour ce soir, Maurice. Nous causerons de ma situation quand je me serai accoutumé à l'idée de vous en parler. Quand on souffre d'une maladie chronique, ne faut-il pas s'habituer au mieux? Souvent le mieux paraît être une autre face de la maladie.

CHAPITRE XVI.

XVI

La confession d'un ministre d'État.

— J'allai me coucher tout troublé, car le mystère, loin de s'éclaircir, me parut de plus en plus obscur. Je pressentis un drame étrange en comprenant qu'il ne pouvait y avoir rien de vulgaire entre une femme que le comte avait choisie et un caractère comme le sien.

Enfin les événements qui avaient poussé la comtesse à quitter un homme si noble, si aimable, si parfait, si aimant, si digne d'être aimé, devaient être au moins singuliers.

La phrase de M. de Grandville avait été comme une torche jetée dans les souterrains sur lesquels je marchais depuis si longtemps ; et, quoique cette torche les éclairât imparfaitement, mes yeux pouvaient remarquer leur étendue. Je m'expliquai les souffrances du comte sans connaître ni leur profondeur ni leur amertune. Ce masque jaune, ces tempes desséchées, ces gigantesques études, ces moments de rêverie, les moindres détails de la vie de ce célibataire marié prirent un relief lumineux pendant cette heure d'examen mental qui est comme le crépuscule du sommeil et auquel tout homme de cœur se serait livré, comme je le fis.

Oh! combien j'aimai mon pauvre patron! car il me parut sublime. Je lus un poëme de mélancolie, j'aperçus une action perpétuelle dans ce cœur taxé par moi d'inertie. Une douleur suprême n'arrive-t-elle pas toujours à l'immobilité?

Ce magistrat, qui disposait de tant de puissance, s'était-il vengé? se repaissait-il d'une longue agonie?

N'est-ce pas quelque chose à Paris qu'une colère toujours bouillante pendant dix ans?...

Que faisait Octave depuis ce grand malheur, car cette séparation de deux époux est le grand malheur dans une époque où la vie intime est devenue, ce qu'elle n'était pas jadis, une question sociale?

Nous passâmes quelques jours en observation, car les grandes souffrances ont leur pudeur.

Enfin, un soir, le comte me dit d'une voix grave :

— Restez.

Voici quel fut à peu près son récit.

XVII

**Un mariage de convenance
et d'inclination.**

« Mon père avait une pupille, riche, belle
» et âgée de seize ans, au moment où je re-
» vins du collége dans ce vieil hôtel.

» Élevée par ma mère, Honorine s'éveillait
» alors à la vie. Pleines de grâces et d'enfan-

» tillage, elle rêvait le bonheur comme elle
» eût rêvé d'une parure, et peut-être le bon-
» heur était-il pour elle la parure de l'ame ?
» Sa piété n'allait pas sans des joies puériles,
» car la religion était une poésie pour ce
» cœur ingénu.

» Elle entrevoyait son avenir comme une
» fête perpétuelle. Innocente et pure, aucun
» délire n'avait troublé son sommeil. La honte
» et le chagrin n'avaient jamais altéré sa joue
» ni mouillé ses regards. Elle ne cherchait
» même pas le secret de ses émotions invo-
» lontaires par un beau jour de printemps.
» Enfin, elle se sentait faible, destinée à l'o-
» béissance, et attendait le mariage sans le
» désirer.

» Sa rieuse imagination ignorait la corrup-

» tion, peut-être nécessaire, que la littéra-
» ture inocule par la peinture des passions :
» elle ne savait rien du monde, et ne con-
» naissait aucun des dangers de la société. La
» chère enfant avait si peu souffert qu'elle
» n'avait pas même déployé son courage. En-
» fin, sa candeur l'eût fait marcher sans
» crainte au milieu des serpents, comme l'i-
» déale figure qu'un peintre a créée de l'in-
» nocence. Jamais front ne plus serein et à
» la fois plus riant. Jamais il n'a été permis
» à une bouche de dépouiller de leur sens
» des interrogations précises avec tant d'i-
» gnorance. Nous vivions comme deux frè-
» res.

» Au bout d'un an, je lui dis, dans le jar-
» din de cet hôtel, devant le bassin aux pois-
» sons, en leur jetant du pain :

» — Veux-tu nous marier? Avec moi, tu
» feras tout ce que tu voudras, tandis qu'un
» autre homme te rendrait malheureuse.

» — Maman, dit-elle à ma mère qui vint
» au-devant de nous, il est convenu entre
» Octave et moi que nous nous marie-
» rons...

» — A dix-sept ans! répondit ma mère.
» Non, vous attendrez dix-huit mois, et si
» dans dix-huit mois vous vous plaisez, eh!
» bien, vous êtes de naissance, de fortunes
» égales, vous ferez à la fois un mariage de
» convenance et d'inclination.

» Quand j'eus vingt-six ans, et Honorine
» dix-neuf, nous nous mariâmes.

» Notre respect pour mon père et ma mère,

» vieillards de l'ancienne cour, nous empêcha
» de mettre cet hôtel à la mode, d'en chan-
» ger les ameublements, et nous y restâmes
» comme par le passé, en enfants. Naén-
» moins j'allai dans le monde, j'initiai ma
» femme à la vie sociale, et je regardai
» comme un de mes devoirs de l'instruire.

» J'ai reconnu plus tard que les mariages
» contractés dans les conditions du nôtre
» renfermaient un écueil contre lequel doi-
» vent se briser bien des affections, bien des
» prudences, bien des existences : le mari
» devient un pédadogue, un professeur,
» si vous voulez ; et l'amour périt sous la
» férule qui tôt ou tard blesse ; car une épou-
» se jeune et belle, sage et rieuse, n'admet
» pas de supériorités au-dessus de celles dont
» elle est douée par la nature.

» Peut-être ai-je eu des torts? Peut-être
» ai-je eu, dans les difficiles commencements
» d'un ménage, un ton magistral? Peut-être,
» au contraire, ai-je commis la faute de me
» fier absolument à cette candide nature, et
» n'ai-je pas surveillé la comtesse, chez qui
» la révolte me paraissait impossible?

» Hélas! on ne sait pas encore, ni en poli-
» tique, ni en ménage, si les empires et les
» félicités périssent par trop de confiance ou
» par trop de sévérité. Peut-être le mari n'a-
» t-il pas réalisé pour Honorine les rêves de
» la jeune fille? Sait-on, pendant les jours
» de bonheur, à quels préceptes on a man-
» qué?... »

(— Je ne me rappelle que les masses dans
les reproches que s'adressa le comte avec la

bonne foi de l'anatomiste cherchant les causes d'une maladie qui échapperaient à ses confrères ; mais sa clémente indulgence me parut alors vraiment digne de celle de Jésus-Christ quand il sauva la femme adultère.)

CHAPITRE XVIII.

XVIII.

Une horrible passion légitime.

« Dix-huit mois après la mort de mon père,
» qui précéda ma mère de quelques mois
» dans la tombe, reprit-il après une pause,
» arriva la terrible nuit où je fus surpris par
» la lettre d'adieu d'Honorine.

» Par quelle poésie ma femme était-elle sé-
» duite? Qui des sens, des magnétismes, du
» malheur ou du génie, laquelle de ces forces
» l'avait ou surprise ou entraînée?

» Je n'ai rien voulu savoir. Le coup fut si
» cruel que je restai comme hébété pendant
» un mois.

» Plus tard, la réflexion m'a dit de rester
» dans mon ignorance, et les malheurs d'Ho-
» norine m'ont trop appris de ces choses.

» Jusqu'à présent, Maurice, tout est bien
» vulgaire; mais tout va changer par un mot:
» j'aime Honorine! je n'ai pas cessé de l'a-
» dorer. Depuis le jour de l'abandon, je vis
» de mes souvenirs, je reprends un à un les
» plaisirs pour lesquels sans doute Honorine
» fut sans goût.

» Oh! dit-il en voyant de l'étonnement
» dans mes yeux, ne me faites pas un héros,
» ne me croyez pas assez sot, dirait un colo-
» nel de cavalerie, pour ne pas avoir cherché
» des distractions. Hélas! mon enfant, j'étais
» ou trop jeune, ou trop amoureux : je n'ai
» pu trouver d'autre femme dans le monde
» entier. Après des luttes affreuses avec moi-
» même, je cherchais à m'étourdir ; j'allais,
» mon argent à la main, jusque sur le seuil
» de l'infidélité; mais là se dressait devant
» moi, comme une blanche statue, le souvenir
» d'Honorine. En me rappelant la délicatesse
» infinie de cette peau suave à travers la-
» quelle on voit le sang couler et les nerfs
» palpiter; en revoyant cette tête ingénue,
» aussi naïve la veille de mon malheur que le
» jour où je lui dis : — Veux-tu nous ma-
» rier? en me souvenant d'un parfum céleste

» comme celui de la vertu ; en retrouvant la
» lumière de ses regards, la *joliesse* de ses
» gestes, je m'enfuyais comme un homme
» qui va violer une tombe et qui en voit sortir
» l'âme du mort transfigurée.

» Au Conseil, au Palais, dans mes nuits,
» je rêve si constamment d'Honorine, qu'il
» me faut une force d'âme excessive pour être
» à ce que je fais, à ce que je dis. Voilà le
» secret de mes travaux.

» Eh! bien, je ne me suis pas plus senti
» de colère contre elle que n'en a un père en
» voyant son enfant chéri dans le danger où
» il s'est précipité par imprudence. J'ai com-
» pris que j'avais fait de ma femme une poésie
» dont je jouissais avec tant d'ivresse que je
» croyais mon ivresse partagée.

» Ah! Maurice, un amour sans discerne-
» ment est, chez un mari, une faute qui peut
» préparer tous les crimes d'une femme!
» J'avais probablement laissé sans emploi les
» forces de cette enfant, chérie comme une
» enfant; je l'ai peut-être fatiguée de mon
» amour avant que l'heure de l'amour eût
» sonné pour elle! Trop jeune pour entrevoir
» le dévouement de la mère dans la constance
» de la femme, elle a pris cette première
» épreuve du mariage pour la vie elle-même,
» et l'enfant mutin a maudit la vie à mon
» insu, n'osant se plaindre à moi, par pudeur
» peut-être! Dans une situation si cruelle, elle
» se sera trouvée sans défense contre un
» homme qui l'aura violemment émue. Et
» moi, si sagace magistrat, dit-on, moi dont
» le cœur est bon mais dont l'esprit était oc-
» cupé, j'ai deviné trop tard ces lois du code

» féminin méconnues, je les ai lues à la clarté
» de l'incendie qui dévorait mon toit.

» J'ai fait alors de mon cœur un tribunal,
» en vertu de la loi ; car la loi constitue un
» juge dans un mari : j'ai absous ma femme
» et je me suis condamné. Mais l'amour prit
» alors chez moi la forme de la passion, de
» cette passion lâche et absolue qui saisit
» certains vieillards. Aujourd'hui, j'aime Ho-
» norine absente, comme on aime, à soixante
» ans, une femme qu'on veut avoir à tout
» prix, et je me sens la force d'un jeune
» homme : j'ai l'audace du vieillard et la re-
» tenue de l'adolescent.

» Mon ami, la société n'a que des railleries
» pour cette affreuse situation conjugale. Là
» où elle s'apitoie avec un amant, elle voit

» dans un mari je ne sais quelle impuissance,
» elle se rit de ceux qui ne savent pas con-
» server une femme qu'ils ont acquise sous le
» poêle de l'Église et par-devant l'écharpe du
» maire. Et il a fallu me taire !

» Sérizy est heureux. Il doit à son indul-
» gence le plaisir de voir sa femme, il la pro-
» tège, il la défend ; et, comme il l'adore, il
» connaît les jouissances excessives du bien-
» faiteur qui ne s'inquiète de rien, pas même
» du ridicule, car il en baptise ses paternelles
» jouissances.

» — Je ne reste marié qu'à cause de ma
» femme, me disait un jour Sérizy en sor-
» tant du Conseil.

» Mais moi !... moi, je n'ai rien, pas même
» le ridicule à affronter, moi qui ne me sou-

» tiens que par un amour sans aliment ! moi
» qui ne trouve pas un mot à dire à une
» femme du monde ! moi que la Prostitution
» repoussé ! moi, fidèle par incantation ! Sans
» ma foi religieuse, je me serais tué. J'ai
» défié l'abîme du travail, je m'y suis plongé,
» j'en suis sorti vivant, brûlant, ardent,
» ayant perdu le sommeil !... »

(— Je ne puis me rappeller les paroles de cet homme si éloquent, mais à qui la passion donnait une éloquence si supérieure à celle de la tribune, que, comme lui, j'avais en l'écoutant les joues sillonnées de larmes ! Jugez de mes impressions, quand après une pause pendant laquelle nous essuyâmes nos pleurs, il me dit :)

— « Ceci est le drame dans mon âme, mais

» ce n'est pas le drame extérieur qui se joue
» en ce moment dans Paris. Le drame inté-
» rieur n'intéresse personne. Je le sais, et
» vous le reconnaîtrez un jour, vous qui
» pleurez en ce moment avec moi : personne
» ne superpose à son cœur ni à son épiderme
» douleur d'autrui. La mesure des douleurs
» est en nous.

» Vous même, vous ne comprenez mes
» souffrances que par une analogie très va-
» gue. Pouvez-vous me voir calmant les
» rages les plus violentes du désespoir par la
» contemplation d'une miniature où mon
» regard retrouve et baise son front, le sou-
» rire de ses lèvres, le contour de son visage,
» où je respire la blancheur de sa peau, et
» qui me permet presque de sentir, de ma-
» nier les grappes noires de ses cheveux

» bouclés? M'avez-vous surpris quand je
» bondis d'espérance, quand je me tords sous
» les mille flèches du désespoir, quand je
» marche dans la boue de Paris pour domp-
» ter mon impatience par la fatigue? J'ai des
» énervemens comparables à ceux des gens
» en consomption, des hilarités de fou, des
« appréhensions d'assassin qui rencontre un
» brigadier de gendarmerie. Enfin, ma vie
» est un continuel paroxisme de terreurs, de
» joies, de désespoirs. Quant au drame, le
» voici.

CHAPITRE XIX

XIX.

Un Mari romanesque.

« Vous me croyez occupé du Conseil d'É-
» tat, de la Chambre, du Palais, de la poli-
» tique!.... Eh! mon Dieu, sept heures de
» la nuit suffisent à tout, tant la vie que je
» mène à surexcité mes facultés.

» Honorine est ma grande affaire. Recon-
» quérir ma femme, voilà ma seule étude;
» la surveiller dans la cage où elle est, sans
» qu'elle se sache en ma puissance; satis-
» faire à ses besoins, veiller au peu de plai-
» sir qu'elle se permet, être sans cesse au-
» tour d'elle, comme un sylphe, sans me
» laisser voir ni deviner, car tout mon ave-
» nir serait perdu : voilà ma vie, ma vraie
» vie !

» Depuis sept ans, je ne me suis jamais
» couché sans être allé voir la lumière de sa
» veilleuse, ou son ombre sur les rideaux de
» la fenêtre. Elle a quitté ma maison sans
» en vouloir emporter autre chose que sa toi-
» lette de ce jour-là. L'enfant a poussé la
» noblesse des sentimens jusqu'à la bêtise.
» Aussi, dix-huit mois après sa fuite,

» était-elle abandonnée par son amant,
» qui fut épouvanté par le visage âpre et
» froid, sinistre et puant de la misère; le lâ-
» che!

» Cet homme avait sans doute compté sur
» l'existence heureuse et dorée en Suisse et
» en Italie, que se donnent les grandes
» dames en quittant leurs maris. Honorine a
» de son chef soixante mille francs de rentes.
» Ce misérable a laissé la chère créature en-
» ceinte et sans le sou!

» En 1820, au mois de novembre, j'ai ob-
» tenu du meilleur accoucheur de Paris de
» jouer le rôle d'un petit chirurgien de fau-
» bourg. J'ai décidé le curé du quartier où
» se trouvait la comtesse à subvenir à ses be-
» soins comme s'il accomplissait une œuvre
» de charité.

» Cacher le nom de ma femme, lui assurer
» l'incognito, lui trouver une ménagère qui
» me fût dévouée et qui fût une confidente
» intelligente, bah!... ce fut un travail
» digne de Figaro. Vous comprenez que
» pour découvrir l'asile de ma femme il me
» suffisait de vouloir.

» Après trois mois de désespérance plu-
» tôt que de désespoir, la pensée de me con-
» sacrer au bonheur d'Honorine, en prenant
» Dieu pour confident de mon rôle, fut un
» de ces poèmes qui ne tombent qu'au cœur
» d'un amant quand même! Tout amour
» absolu veut sa pâture. Eh! ne devais-je
» pas protéger cette enfant, coupable par
» ma seule imprudence, contre de nouveaux
» désastres? accomplir enfin mon rôle d'ange
» gardien!

» Après sept mois de nourriture le fils
» mourut, heureusement pour elle et pour
» moi. Ma femme fut entre la vie et la mort
» pendant neuf mois, abandonnée au mo-
» ment où elle avait le plus besoin du bras
» d'un homme ; mais ce bras, dit-il en ten-
» dant le sien par un mouvement d'une
» énergie angélique, fut étendu sur sa tête.
» Honorine fut soignée comme elle l'eût été
» dans son hôtel.

» Quand, rétablie, elle demanda comment,
» par qui elle avait été secourue, on lui ré-
» pondit : — Les sœurs de charité du quar-
» tier, — la Société de maternité, — le
» curé de la paroisse qui s'intéressait à
» elle.

« Cette femme, dont la fierté va jusqu'à

» être un vice, a déployé dans le malheur une
» force de résistance, que, par certaines soi-
» rées, j'appelle un entêtement de mule.
» Honorine a voulu gagner sa vie! ma femme
» travaille!...

» Depuis cinq ans, je tiens la comtesse rue
» Saint-Maur, dans un charmant pavillon où
» elle fabrique des fleurs et des modes.

» Elle croit vendre les produits de son élé-
» gant travail à un marchand qui les lui paie
» assez cher pour que la journée lui vaille
» vingt francs, et n'a pas eu depuis six ans
» un seul soupçon.

» Elle paie toutes les choses de la vie à peu
» près le tiers de ce qu'elles valent, en
» sorte qu'avec six mille francs par an, elle
» vit comme si elle avait quinze mille
» francs.

» Elle a le goût des fleurs, et donne cent
» écus à un jardinier qui me coûte à moi
» douze cents francs de gages, et qui me pré-
» sente des mémoires de deux mille francs
» tous les trois mois.

» J'ai promis à cet homme un marais, et
» une maison de maraîcher contiguë à la loge
» du concierge de la rue Saint-Maur.

» Cette propriété m'appartient sous le nom
» d'un commis-greffier de la Cour. Une
» seule indiscrétion ferait tout perdre au jar-
» dinier.

» Honorine a son pavillon, un jardin, une
» serre superbe pour cinq cents francs de loyer
» par an. Elle vit là sous le nom de sa femme de
» charge, madame Gobain, cette vieille d'une
» discrétion à toute épreuve que j'ai trouvée,

» et de qui elle s'est fait aimer. Mais ce zèle » est, comme celui du jardinier, entretenu » par la promesse d'une récompense au jour » du succès. Le concierge et sa femme me » coûtent horriblement cher par les mêmes » raisons.

» Enfin, depuis trois ans, Honorine est » heureuse, elle croit devoir à son travail le » luxe de ses fleurs, sa toilette et son bien-» être. »

CHAPITRE XX.

XX

Une tentative.

« Oh ! je sais ce que vous voulez me dire,
» s'écria le comte en voyant une interroga-
» tion dans mes yeux et sur mes lèvres. Oui,
» oui, j'ai fait une tentative. Ma femme était
» précédemment dans le faubourg Saint-An-
» toine.

» Un jour, quand je crus, sur une parole
» de la Gobain, à des chances de réconcilia-
» tion, j'écrivis, par la poste, une lettre où
» j'essayais de fléchir ma femme, une lettre
» écrite, recommencée vingt fois !

» Je ne vous peindrai pas mes angoisses.
» J'allai de la rue Payenne à la rue de Reuilly,
» comme un condamné qui marche du Palais
» à l'Hôtel-de-Ville ; mais il est en charrette,
» et moi je marchais. Il faisait nuit, il faisait
» du brouillard, j'allai au-devant de madame
» Gobain, qui devait venir me répéter ce
» qu'avait fait ma femme.

» Honorine, en reconnaissant mon écri-
» ture, avait jeté la lettre au feu sans la
» lire.

» — Madame Gobain, avait-elle dit, je ne
» veux pas être ici demain!...

» Fut-ce un coup de poignard que cette
» parole pour un homme qui trouve des joies
» illimitées dans la supercherie au moyen de
» laquelle il procure le plus beau velours de
» Lyon à douze francs l'aune, un faisan, un
» poisson, des fruits au dixième de leur va-
» leur, à une femme assez ignorante pour
» croire payer suffisamment, avec deux cent
» cinquante francs, madame Gobain, la cui-
» sinière d'un évêque !...

» Vous m'avez surpris me frottant les mains
» quelquefois et en proie à une sorte de bon-
» heur. Eh bien! je venais de faire réussir
» une ruse digne du théâtre. Je venais de
» tromper ma femme, de lui envoyer par une

» marchandé à la toilette un châle des Indes
» proposé comme venant d'une actrice qui
» l'avait à peine porté, mais dans lequel,
» moi, ce grave magistrat que vous savez, je
» m'étais couché pendant une nuit.

» Enfin, aujourd'hui, ma vie se résume
» par les deux mots avec lesquels on peut ex-
» primer le plus violent des supplices : j'aime
» et j'attends.

» J'ai dans madame Gobain une fidèle es-
» pionne de ce cœur adoré. Je vais toutes les
» nuits causer avec cette vieille, apprendre
» d'elle tout ce qu'Honorine a fait dans sa
» journée, les moindres mots qu'elle a dits,
» car une seule exclamation peut me livrer
» les secrets de cette ame qui s'est fait sourde
» et muette.

» Honorine est pieuse ; elle suit les offices,
» elle prie ; mais elle n'est jamais allée à con-
» fesse et ne communie pas : elle prévoit ce
» qu'un prêtre lui dirait. Elle ne veut pas
» entendre le conseil, l'ordre de revenir à
» moi.

» Cette horreur de moi m'épouvante et me
» confond, car je n'ai jamais fait le moindre
» mal à Honorine ; j'ai toujours été bon pour
» elle.

» Admettons que j'aie eu quelques vivacités
» en l'instruisant, que mon ironie d'homme
» ait blessé son légitime orgueil de jeune
» fille ?. Est-ce une raison de persévérer
» dans une résolution que la haine la plus im-
» placable peut seule inspirer ?

» Honorine n'a jamais dit à madame Go-
» bain qui elle est, elle garde un silence ab-
» solu sur son mariage, en sorte que cette
» brave et digne femme ne peut pas dire un
» mot en ma faveur, car elle est la seule de
» la maison qui ait mon secret. Les autres
» ne savent rien ; il sont sous la terreur
» que cause le nom du Préfet de Police et
» dans la vénération du pouvoir d'un minis-
» tre.

» Il m'est donc impossible de pénétrer
» dans ce cœur : la citadelle est à moi,
» mais je n'y puis entrer. Je n'ai pas un seul
» moyen d'action. Une violence me perdrait
» à jamais ! Comment combattre des raisons
» qu'on ignore !

» Écrire une lettre, la faire copier par un

» écrivain public, et la mettre sous les yeux
» d'Honorine?... J'y ai pensé. Mais n'est-ce
» pas risquer un troisième déménagement?
» Le dernier me coûte cent cinquante mille
» francs !

» Cette acquisition fut d'abord faite sous le
» nom du secrétaire que vous avez remplacé.
» Le malheureux, qui ne savait pas combien
» mon sommeil est léger, a été surpris par
» moi, ouvrant avec une fausse clé la caisse
» où j'avais mis la contre-lettre ; j'ai toussé,
» l'effroi l'a saisi ; le lendemain, je l'ai forcé
» de vendre la maison à mon prête-nom ac-
» tuel, et je l'ai mis à la porte.

CHAPITRE XXI.

XXI.

Une singulière proposition.

» Ah ! si je ne sentais pas en moi toutes
» les facultés nobles de l'homme satisfaites,
» heureuses, épanouies ; si les élémens
» de mon rôle n'appartenaient pas à la pa-
» renté divine, si je ne jouissais pas par tous

» les pores, il se rencontre des moments où
» je croirais à quelque monomanie.

» Par certaines nuits, j'entends les grelots
» de la Folie, j'ai peur de ces transitions vio-
» lentes d'une faible espérance, qui parfois
» brille et s'élance, à un désespoir complet
» qui tombe aussi bas que les hommes peu-
» vent tomber.

» J'ai médité sérieusement, il y a quelques
» jours, le dénoûment atroce de Lovelace
» avec Clarisse, en me disant : Si Honorine
» avait un enfant de moi, ne faudrait-il
» pas qu'elle revînt dans la maison conju-
» gale?

» Enfin, j'ai tellement foi dans un heu-
» reux avenir, qu'il y a dix mois j'ai acquis
« et payé l'un des plus beaux hôtels du fau-

» bourg Saint-Honoré. Si je reconquiers Ho-
» norine, je ne veux pas qu'elle revoie cet
» hôtel, ni la chambre d'où elle s'est enfuie.
» Je veux mettre mon idole dans un nouveau
» temple où elle puisse croire à une vie en-
» tièrement nouvelle. On travaille à faire de
» cet hôtel une merveille de goût et d'élé-
» gance.

» On m'a parlé d'un poète qui, devenu
» presque fou d'amour pour une cantatrice,
» avait, au début de sa passion, acheté le
» plus beau lit de Paris, sans savoir le résul-
» tat que l'actrice réservait à sa passion. Eh!
» bien, il y a le plus froid des magistrats, un
» homme qui passe pour le plus grave conseil-
» ler de la couronne, à qui cette anecdote a
» remué toutes les fibres du cœur. L'orateur
» de la chambre comprend ce poète qui re-

» paissait son idéal d'une possibilité maté-
» rielle. Trois jours avant l'arrivée de Marie-
» Louise, Napoléon s'est roulé dans son lit de
» noces à Compiègne... Toutes les passions
» gigantesques ont la même allure. J'aime en
» poète et en empereur!... »

En entendant ces dernières paroles, je crus
à la réalisation des craintes du comte Octave,
il s'était levé, marchait, gesticulait, mais il
s'arrêta comme épouvanté de la violence de
ses paroles.

— Je suis bien ridicule, reprit-il après une
fort longue pause, en venant quêter un regard de compassion.

— Non, monsieur, vous êtes bien malheureux.

» — Oh! oui, reprit-il, plus que vous ne
» le pensez! Par la violence de mes paroles,
» vous pouvez et vous devez croire à la pas-
» sion physique la plus intense, puisque de-
» puis neuf ans elle annule toutes mes fa-
» cultés ; mais ce n'est rien en comparai-
» son de l'adoration que m'inspirent l'ame,
» l'esprit, les manières, le cœur, tout ce qui
» dans la femme n'est pas la femme ; enfin,
» ces ravissantes divinités du cortège de l'A-
» mour avec lesquelles on passe sa vie, et qui
» sont la poésie journalière d'un plaisir fu-
» gitif. Je vois un phénomène rétrospectif,
» ces grâces de cœur et d'esprit d'Honorine,
» auxquelles je faisais peu d'attention au
» jour de mon bonheur, comme tous les gens
» heureux!

» J'ai, de jour en jour, reconnu l'étendue

» de ma perte en reconnaissant les qualités
» divines dont était doué cet enfant capri-
» cieux et mutin, devenu si fort et si fier sous
» la main pesante de la misère, sous les
» coups du plus lâche abandon. Et cette
» fleur céleste se dessèche solitaire et ca-
» chée?

» Ah! la loi dont nous parlons, reprit-il
» avec une amère ironie, la loi, c'est un pi-
» quet de gendarmes, c'est ma femme saisie
» et amenée de force ici!... N'est-ce pas con-
» quérir un cadavre?

» La religion n'a pas prise sur Honorine,
» elle en veut la poésie, elle prie sans écou-
» ter les commandements de l'église. Moi,
» j'ai tout épuisé comme clémence, comme
» bonté, comme amour... Je suis à bout. Il
» n'existe plus qu'un moyen de triomphe : la

» ruse et la patience avec lesquelles les oise-
» leurs finissent par saisir les oiseaux les plus
» défiants, les plus agiles, les plus fantas-
» ques et les plus rares. Aussi, Maurice,
» quand l'indiscrétion bien excusable de
» M. de Grandville vous a révélé le secret de
» ma vie, ai-je fini par voir dans cet incident
» un de ces commandements du Sort, un
» de ces arrêts qu'écoutent et mendient les
» joueurs au milieu de leurs parties les plus
» acharnées... Avez-vous pour moi assez
» d'affection pour m'être romanesquement
» dévoué?... »

— Je vous vois venir, monsieur le comte, répondis-je, je devine vos intentions. Votre premier secrétaire a voulu crocheter votre caisse, je connais le cœur du second, il pourrait aimer votre femme. Et pouvez-vous le vouer au malheur en l'envoyant au feu! Mettre sa main dans un brasier sans se brûler, est-ce possible?

— Vous êtes un enfant, reprit le comte, je vous enverrai ganté! Ce n'est pas mon secrétaire qui viendra se loger rue Saint-Maur, dans la petite maison de maraîcher que j'ai rendue libre, ce sera mon petit cousin, le baron de l'Hostal, maître des requêtes.

Après un moment donné à la surprise, j'entendis un coup de cloche, et une voiture roula jusqu'au perron.

Bientôt le valet de chambre annonça madame de Courteville et sa fille.

Le comte Octave avait une très nombreuse parenté dans sa ligne maternelle. Madame de

Courteville, sa cousine, était veuve d'un juge au tribunal de la Seine, qui l'avait laissée avec une fille et sans aucune espèce de fortune.

Que pouvait être une femme de vingt-neuf ans auprès d'une jeune fille de vingt ans, aussi belle que l'imagination pourrait le souhaiter pour une maîtresse idéale?

— Baron, maître des requêtes, référendaire au sceau en attendant mieux, et ce vieil hôtel pour dot, aurez-vous assez de raisons pour ne pas aimer la comtesse? me dit-il à l'oreille en me prenant la main et me présentant à madame de Courteville et à sa fille.

Je fus ébloui, non par tant d'avantages que je n'aurais pas osé rêver, mais par Amélie de Courteville, dont toutes les beautés étaient mises en relief par une de ces savantes toilettes que les mères font faire à leurs filles quand il s'agit de les marier. Ne parlons pas de moi.

CHAPITRE XXII

XXII

L'action commence.

Vingt jours après, j'allai demeurer dans la maison du maraîcher, qu'on avait nettoyée, arrangée et meublée avec cette célébrité qui s'explique par trois mots : Paris ! l'ouvrier français ! l'argent !

J'étais aussi amoureux que le comte pouvait le désirer pour sa sécurité. La prudence d'un jeune homme de vingt-cinq ans suffisait-elle aux ruses que j'entreprenais et où il s'agissait du bonheur d'un ami? Je vous avoue que je comptai beaucoup sur mon oncle, car je fus autorisé par le comte à le mettre dans la confidence au cas où je jugerais son intervention nécessaire.

Je pris un jardinier, je me fis fleuriste jusqu'à la manie, je m'occupai furieusement, en homme que rien ne pouvait distraire, de défoncer le marais et d'en approprier le terrain à la culture des fleurs. De même que les maniaques de Hollande ou d'Angleterre, je me donnai pour monofloriste. Je cultivai spécialement des dahlias en en réunissant toutes les variétés.

Vous devinez que ma ligne de conduite, même dans ses plus légères déviations, était tracée par le comte, dont toutes les forces intellectuelles furent alors attentives aux moindres événements de la tragi-comédie qui devait se jouer rue Saint-Maur.

Aussitôt la comtesse couchée, presque tous les soirs, entre onze heures et minuit, Octave, madame Gobain et moi, nous tenions conseil. J'entendis la vieille rendant compte à Octave des moindres mouvements de sa femme pendant la journée : il s'informait de tout, des repas, des occupations, de l'attitude, du menu du lendemain ; des fleurs qu'elle se proposait d'imiter. Je compris ce qu'est un amour au désespoir, quand il se compose du triple amour qui procède de la tête, du cœur et dés sens. Octave ne vivait que pendant cette heure.

Pendant deux mois que durèrent les travaux, je ne jetai pas les yeux sur le pavillon où demeurait ma voisine. Je n'avais pas demandé seulement si j'avais une voisine, quoique le jardin de la comtesse et le mien fussent séparés par un palis, le long duquel elle avait fait planter des cyprès déjà hauts de quatre pieds.

Un beau matin, madame Gobain annonça comme un grand malheur à sa maîtresse l'intention manifestée par un original devenu son voisin, de faire bâtir à la fin de l'année un mur entre les deux jardins.

Je ne vous parle pas de la curiosité qui me

dévorait. Voir la comtesse?... ce désir faisait pâlir mon amour naissant pour Amélie de Courteville.

Mon projet de bâtir un mur était une affreuse menace. Plus d'air pour Honorine dont le jardin devenait une espèce d'allée serrée entre ma muraille et son pavillon.

Ce pavillon, une ancienne maison de plaisir, ressemblait à un château de cartes: il n'avait pas plus de trente pieds de profondeur sur une longueur d'environ cent pieds.

La façade peinte à l'allemande figurait un treillage de fleurs jusqu'au premier étage, et présentait un charmant *specimen* de ce style Pompadour si bien nommé *rococo*.

On arrivait par une longue avenue de tilleuls.

Le jardin du pavillon et le marais figuraient une hache dont le manche était représenté par cette avenue. Mon mur allait rogner les trois quarts de la hache. La comtesse en fut désolée, et dit au milieu de son désespoir :

— Ma pauvre Gobain, quel homme est-ce que ce fleuriste ?

— Ma foi, dit-elle, je ne sais pas s'il est possible de l'apprivoiser, il parait avoir les femmes en horreur. C'est le neveu d'un curé de Paris. Je n'ai vu l'oncle qu'une seule fois, un beau vieillard de soixante-quinze ans, bien laid, mais bien aimable. Il se peut bien que ce curé maintienne, comme on le prétend dans le quartier, son neveu dans la passion des fleurs, pour qu'il n'arrive pas pis.

— Mais quoi ?

— Eh bien! votre voisin est un hurluberlu... fit la Gobain en montrant sa tête. Les fous tranquilles sont les seuls hommes de qui les femmes ne conçoivent aucune méfiance en fait de sentiment. Vous allez voir par la suite combien le comte avait vu juste en me choisissant ce rôle.

— Mais, qu'a-t-il? demanda la comtesse.

— Il a trop étudié, répondit la Gobain, il est devenu sauvage. Enfin, il a des raisons pour ne plus aimer les femmes... là, puisque vous voulez savoir tout ce qui se dit.

— Eh! bien, reprit Honorine, les fous

m'effraient moins que les gens sages, je lui parlerai, moi ! dis-lui que je le prie de venir. Si je ne réussis pas, je verrai le curé.

Le lendemain de cette conversation, en me promenant dans mes allées tracées, j'entrevis au premier étage du pavillon les rideaux d'une fenêtre écartés et la figure d'une femme posée en curieuse. La Gobain m'aborda. Je regardai brusquement le pavillon et fis un geste brutal, comme si je disais : — Eh ! je me moque bien de votre maîtresse !

— Madame, dit la Gobain, qui revint rendre compte de son ambassade, le fou m'a priée de le laisser tranquille, en prétendant que charbonnier était maître chez soi, surtout quand il était sans femme.

— Il a deux fois raison, répondit la comtesse.

— Oui, mais il a fini pas me répondre : « J'irai ! » quand je lui ai répondu qu'il ferait le malheur d'une personne qui vivait dans la retraite, et qui puisait de grandes distractions dans la culture des fleurs.

CHAPITRE XXIII.

XXIII.

Une esquisse.

Le lendemain, je sus par un signe de la Gobain qu'on attendait ma visite. Après le déjeûner de la comtesse, au moment où elle se promenait dans son pavillon, je brisai le palis et je vins à elle.

J'étais mis en campagnard : vieux pantalon

à pieds en molleton gris, gros sabots, vieille veste de chasse, casquette en tête, méchant foulard au cou, les mains salies de terre, et un plantoir à la main.

— Madame, c'est le monsieur qui est votre voisin ! cria la Gobain.

La comtesse ne s'était pas effrayée.

J'aperçus enfin cette femme que sa conduite et les confidences du comte avaient rendue si curieuse à observer.

Nous étions dans les premiers jours du mois de mai. L'air pur, le temps bleu, la verdeur des premières feuilles, la senteur du printemps faisaient un cadre à cette création de la douleur.

En voyant Honorine, je conçus la passion d'Octave et la vérité de cette expression : une fleur céleste !

Sa blancheur me frappa tout d'abord par
son blanc particulier, car il y a autant de
blancs que de rouges et de bleus différents.
En regardant la comtesse, l'œil servait à toucher cette peau suave où le sang courait en
filets bleuâtres. A la moindre émotion ce sang
se répandait sous le tissu comme une vapeur
en nappes rosées.

Quand nous nous rencontrâmes, les rayons
du soleil, en passant à travers le feuillage grêle
des acacias, environnaient Honorine de ce
nimbe jaune et fluide que Raphaël et Titien,
seuls parmi tous les peintres, ont su peindre
autour de la Vierge.

Des yeux bruns exprimaient à la fois la
tendresse et la gaieté, leur éclat se reflétait
jusque sur le visage, à travers de longs cils

abaissés. Par le mouvement de ses paupières soyeuses, Honorine vous jetait un charme, tant il y avait de sentiment, de majesté, de terreur, de mépris dans sa manière de relever ou d'abaisser ce voile de l'âme. Enfin, elle pouvait vous glacer ou vous animer par un regard.

Ses cheveux cendrés, rattachés négligemment sur sa tête, lui dessinaient un front de poète, large, puissant, rêveur. La bouche était entièrement voluptueuse. Enfin, privilége rare en France, mais commun en Italie, toutes les lignes, les contours de cette tête avaient un caractère de noblesse qui devait arrêter les outrages du temps.

Quoique svelte, Honorine n'était pas maigre, et ses formes me semblèrent être de celles qui réveillent encore l'amour quand il se croit épuisé.

Elle méritait bien l'épithète de Mignonne, car elle appartenait à ce genre de petites femmes souples qui se laissent prendre, flatter, quitter et reprendre comme des chattes.

Ses petits pieds que j'entendis sur le sable y faisaient un bruit léger qui leur était propre et qui s'harmoniait au bruissement de la robe; il en résultait une musique féminine qui se gravait dans le cœur et devait se distinguer entre la démarche de mille femmes. Son port rappelait tous ses quartiers de noblesse avec tant de fierté, que dans les rues les prolétaires les plus audacieux devaient se ranger pour elle.

Gaie, tendre, fière et imposante, on ne la comprenait pas autrement que douée de ces qualités qui semblent s'exclure, et qui la laissaient néanmoins enfant. Mais l'enfant pouvait devenir forte comme l'ange; et, comme l'ange, une fois blessée dans sa nature, elle devait être implacable. La froideur sur ce visage était sans doute la mort pour ceux à qui ses yeux avaient souri, pour qui ces lèvres s'étaient dénouées, pour ceux dont l'âme avait accueilli la mélodie de cette voix qui donnait à la parole la poésie du chant par des accentuations particulières.

En sentant le parfum de violette qu'elle exhalait, je compris comment le souvenir de cette femme avait cloué le comte au seuil de la Débauche, et comme on ne pouvait jamais oublier celle qui vraiment était une fleur pour le toucher, une fleur pour le regard, une fleur pour l'odorat, une fleur céleste pour l'âme...

Honorine inspirait le dévouement, un dévouement chevaleresque et sans récompense.

On se disait en la voyant : « Pensez, je devinerai ; parlez, j'obéirai. Si ma vie, perdue dans un supplice, peut vous procurer un jour de bonheur, prenez ma vie : je sourirai comme les martyrs sur leurs bûchers, car j'apporterai cette journée à Dieu comme un gage auquel obéit un père en reconnaissant une fête donnée à son enfant. »

Bien des femmes se composent une physionomie et arrivent à produire des effets semblables à ceux qui vous eussent saisi à l'aspect de la comtesse; mais chez elle tout procédait d'un délicieux naturel, et ce naturel inimitable allait droit au cœur. Si je vous en parle ainsi, c'est qu'il s'agit uniquement de son âme, de ses pensées, des délicatesses de son cœur, et que vous m'eussiez reproché de ne pas vous l'avoir crayonnée.

CHAPITRE XXIV.

XXIV.

Comment finit la première entrevue.

Je faillis oublier mon rôle quasi fou, brutal et peu chevaleresque.

— On m'a dit, madame, que vous aimiez les fleurs.

— Je suis ouvrière fleuriste, monsieur,

répondit-elle. Après avoir cultivé les fleurs, je les copie, comme une mère qui serait assez artiste pour se donner le plaisir de peindre ses enfants..... N'est-ce pas assez vous dire que je suis pauvre et hors d'état de payer la concession que je veux obtenir de vous.

— Et comment, repris-je avec la gravité d'un magistrat, une personne qui semble aussi distinguée que vous exerce-t-elle un pareil état? Avez-vous donc comme moi des raisons pour occuper vos doigts afin de ne pas laisser travailler votre tête?

— Restons sur le mur mitoyen, répondit-elle en souriant.

— Mais nous sommes aux fondations, dis-je. Ne faut-il pas que je sache, de nos deux douleurs, ou, si vous voulez, de nos deux manies, laquelle doit céder le pas à l'autre?..... Ah! le joli bouquet de narcisses! elles sont aussi fraîches que cette matinée.

Je vous déclare qu'elle s'était créé comme un musée de fleurs et d'arbustes, où le soleil seul pénétrait, dont l'arrangement était dicté par un génie artiste et que le plus insensible des propriétaires aurait respecté. Les masses de fleurs, étagées avec une science de fleuriste ou disposées en bouquets, produisaient des effets doux à l'âme. Ce jardin recueilli, solitaire, exhalait des baumes consolateurs et n'inspirait que de douces pensées, des images gracieuses, voluptueuses même. On y reconnaissait cette ineffaçable signature que notre vrai caractère imprime en toutes choses quand rien ne nous contraint d'obéir aux diverses hypocrisies, d'ailleurs nécessaires, qu'exige la Société. Je regardais alternativement le monceau de narcisses et la comtesse, en paraissant plus amoureux des fleurs que d'elle, pour jouer mon rôle.

— Vous aimez donc bien les fleurs? me dit-elle.

— C'est, lui dis-je, les seuls êtres qui ne trompent pas nos soins et notre tendresse.

Je fis une tirade si violente en établissant un parallèle entre la botanique et le monde, que nous nous trouvâmes à mille lieues du mur mitoyen, et que la comtesse dut me prendre pour un être souffrant, blessé, digne de pitié. Néanmoins, après une demi-heure, ma voisine me ramena naturellement à la question; car les femmes, quand elles n'aiment pas, ont toutes le sang-froid d'un vieil avoué.

— Si vous voulez laisser subsister le palis, lui dis-je, vous apprendrez tous les secrets de culture que je veux cacher, car je cherche le dahlia bleu, la rose bleue, je suis fou des fleurs bleues. Le bleu n'est-il pas la couleur favorite des belles âmes? Nous ne sommes ni l'un ni l'autre chez nous : autant vaudrait y mettre une petite porte à claire-voie qui réunirait nos jardins... Vous aimez les fleurs, vous verrez les miennes, je verrai les vôtres. Si vous ne recevez personne, je ne suis visité que par mon oncle, le curé des Blancs-Manteaux.

— Non, dit-elle, je ne veux donner à personne le droit d'entrer dans mon jardin, chez moi, à toute heure. Venez-y, vous serez toujours reçu comme un voisin avec qui je veux vivre en bonnes relations; mais j'aime trop ma solitude pour la grever d'une dépendance quelconque.

— Comme vous voudrez, dis-je.

Et je sautai d'un bond par-dessus le palis.

— A quoi sert une porte? m'écriai-je quand je fus sur mon terrain en revenant à la comtesse et la narguant par un geste, par une grimace de fou.

Je restai quinze jours sans paraître penser à ma voisine.

XXV.

La cage d'Honorine.

Vers la fin du mois de mai, par une belle soirée, il se trouva que nous étions chacun d'un côté du palis, nous promenant à pas lents.

Arrivés au bout, il fallut bien échanger

quelques paroles de politesse ; elle me trouva si profondément accablé, plongé dans une rêverie si douloureuse, qu'elle me parla d'espérance en me jetant des phrases qui ressemblaient à ces chants par lesquels les nourrices endorment les enfants. Enfin je franchis la haie, et me trouvai pour la seconde fois près d'elle.

La comtesse me fit entrer chez elle en voulant apprivoiser ma douleur. Je pénétrai donc enfin dans ce sanctuaire où tout était en harmonie avec la femme que j'ai tâché de vous dépeindre ; il y régnait une exquise simplicité.

A l'intérieur, ce pavillon était bien la bonbonnière inventée par l'art du dix-huitième siècle pour les jolies débauches d'un grand seigneur.

La salle à manger, sise au rez-de-chaussée, était couverte de peintures à fresque représentant des treillages de fleurs d'une admirable et merveilleuse exécution. La cage de l'escalier offrait de charmantes décorations en camaïeu.

Le petit salon, qui faisait face à la salle à manger, était prodigieusement dégradé; mais la comtesse y avait tendu des tapisseries pleines de fantaisies et provenant d'anciens paravents. Une salle de bain y attenait.

Au-dessus, il n'y avait qu'une chambre avec son cabinet de toilette et une bibliothèque métamorphosée en atelier.

La cuisine était cachée dans les caves sur lesquelles le pavillon s'élevait, car il fallait y monter par un perron de quelques marches.

Les balustres de la galerie et ses guirlandes de fleurs pompadour déguisaient la toiture, dont on ne voyait que les bouquets de plomb.

On se trouvait, dans ce séjour, à cent lieues de Paris.

Sans le sourire amer qui se jouait parfois sur les belles lèvres rouges de cette femme pâle, on aurait pu croire au bonheur de cette violette ensevelie dans sa forêt de fleurs.

CHAPITRE XXVI.

XXVI.

Observation sur le travail des femmes.

Nous arrivâmes en quelques jours à une confiance engendrée par le voisinage et par la certitude où fut la comtesse de ma complète indifférence pour les femmes.

Un regard aurait tout compromis; et jamais je n'eus une pensée pour elle dans les yeux !

Honorine voulut voir en moi comme un vieil ami.

Ses manières avec moi procédèrent d'une sorte de compassion ; ses regards, sa voix, ses discours, tout disait qu'elle était à mille lieues des coquetteries que la femme la plus sévère se fût peut-être permises en pareil cas.

Elle me donna bientôt le droit de venir dans le charmant atelier où elle faisait ses fleurs, une retraite pleine de livres et de curiosités, parée comme un boudoir, et où la richesse relevait la vulgarité des instruments du métier.

La comtesse avait, à la longue, poétisé,

pour ainsi dire, ce qui est l'antipode de la poésie, une fabrique.

Peut-être, de tous les ouvrages que puissent faire les femmes, les fleurs artificielles sont-elles celui dont les détails leur permettent de déployer le plus de grâces.

Pour colorier, une femme doit rester penchée sur une table et s'adonner, avec une certaine attention, à cette demi-peinture.

La tapisserie, faite comme doit la faire une ouvrière qui veut gagner sa vie, est une cause de pulmonie ou de déviation de l'épine dorsale.

La gravure des planches de musique est un des travaux les plus tyranniques par sa minutie, par le soin, par la compréhension qu'il exige.

La couture, la broderie ne donnent pas trente sous par jour.

Au contraire, la fabrication des fleurs et celle des modes nécessitent une multitude de mouvements, de gestes, des idées même qui laissent une jolie femme dans sa sphère : elle est encore elle-même, elle peut causer, rire, chanter ou penser.

Certes, il y avait un sentiment de l'art dans la manière dont la comtesse disposait, sur une longue table de sapin jaune, les myriades de pétales colorés qui servaient à composer les fleurs qu'elle avait décidées.

Les godets à couleur étaient en porcelaine blanche, et toujours propres, rangés de façon à permettre à l'œil de trouver aussitôt en nuance voulue dans la gamme des tons.

La noble artiste économisait ainsi son temps.

Un joli meuble d'ébène, incrusté d'ivoire, aux cent tiroirs vénitiens, contenait les matrices d'acier avec lesquelles elle frappait ses feuilles ou certains pétales.

Un magnifique bol japonais contenait la colle qu'elle ne laissait jamais aigrir, et auquel elle avait fait adapter un couvercle à charnière, si léger, si mobile qu'elle le soulevait du bout du doigt. Le fil d'archal, le laiton se trouvaient dans un petit tiroir de sa table de travail, devant elle.

Sous ses yeux, s'élevait, dans un verre de Venise, épanoui comme un calice sur sa tige, le modèle vivant de la fleur avec laquelle elle essayait de lutter.

Elle se passionnait pour les chefs-d'œuvre,

elle abordait les ouvrages les plus difficiles, les grappes, les corolles les plus menues, les bruyères, les nectaires aux nuances les plus capricieuses.

Ses mains, aussi agiles que sa pensée, allaient de sa table à sa fleur, comme celles d'un artiste sur les touches d'un piano. Ses doigts semblaient être *fées*, pour se servir d'une expression de Perrault, tant ils cachaient, sous la grâce du geste, les différentes forces de torsion, d'application, de pesanteur nécessaires à cette œuvre, en mesurant avec la lucidité de l'instinct chaque mouvement au résultat.

Je ne me lassais pas de l'admirer montant une fleur dès que les éléments s'en trouvaient rassemblés devant elle, et cotonnant, perfectionnant une tige, y attachant les feuilles. Elle déployait le génie des peintres dans ses audacieuses entreprises ; elle copiait des feuilles flétries, des feuilles jaunes ; elle luttait avec les fleurs des champs, de toutes les plus naïves, les plus compliquées dans leur simplicité.

— Cet art, me disait-elle, est dans l'enfance. Si les Parisiennes avaient un peu du génie que l'esclavage du harem exige chez les femmes de l'Orient, elles donneraient tout un langage aux fleurs posées sur leur tête. J'ai fait, pour ma satisfaction d'artiste, des fleurs fanées avec les feuilles couleur bronze florentin comme il s'en trouve après ou avant l'hiver... Cette couronne, sur une tête de jeune femme dont la vie est manquée, ou qu'un chagrin secret dévore, manqueraitelle de poésie? Combien de choses une femme ne pourrait-elle pas dire avec sa coiffure? N'y a-t-il pas des fleurs pour les bacchantes ivres, des fleurs pour les sombres et rigides dévotes, des fleurs soucieuses pour les femmes ennuyées?

La botanique exprime, je crois, toutes les sensations et les pensées de l'âme, même les plus délicates!

Elle m'employait à frapper ses feuilles, à des découpages, à des préparations de fil de fer pour les tiges. Mon prétendu désir de distraction me rendit promptement habile. Nous causions tout en travaillant. Quand je n'avais rien à faire, je lui lisais les nouveautés, car je ne devais pas perdre de vue mon rôle, et je jouais l'homme fatigué de la vie, épuisé de chagrins, morose, sceptique, âpre.

Mon personnage me valait d'adorables plaisanteries sur la ressemblance purement physique, moins le pied bot, qui se trouvait entre lord Byron et moi.

Il passait pour constant que ses malheurs à elle, sur lesquels elle voulait garder le plus profond silence, effaçaient les miens, quoique déjà les causes de ma misanthropie eussent pu satisfaire Young et Job.

Je ne vous parlerai pas des sentiments de honte qui me torturaient en me mettant au cœur, comme les pauvres de la rue, de fausses plaies pour exciter la pitié de cette adorable femme. Je compris bientôt l'étendue de mon dévouement en comprenant toute la bassesse des espions.

Les témoignages de sympathie que je recueillis alors eussent consolé les plus grandes infortunes. Cette charmante créature, sevrée du monde, seule depuis tant d'années, ayant en dehors de l'amour des trésors d'affection à dépenser, elle me les offrit avec d'enfantines effusions, avec une pitié qui certes eût rempli d'amertume le roué qui l'aurait aimée ; car, hélas ! elle était tout charité, tout compatissance. Son renoncement à l'amour, son effroi de ce qu'on appelle le bonheur pour la femme, éclataient avec autant de force que de naïveté. Ces heureuses journées me prouvèrent que l'amitié des femmes est de beaucoup supérieure à leur amour.

CHAPITRE XXVII.

XXVII

Un aveu d'Honorine.

Je m'étais fait arracher les confidences de mes chagrins avec autant de simagrées que s'en permettent les jeunes personnes avant de s'asseoir au piano, tant elles ont la conscience de l'ennui qui s'ensuit.

Comme vous le devinez, la nécessité de vaincre ma répugnance à parler avait forcé la comtesse à serrer les liens de notre intimité, mais elle retrouvait si bien en moi sa propre antipathie contre l'amour, qu'elle me parut heureuse du hasard qui lui avait envoyé dans son île déserte une espèce de *Vendredi*. Peut-être la solitude commençait-elle à lui peser.

Néanmoins, elle était sans la moindre coquetterie, elle n'avait plus rien de la femme, elle ne se sentait un cœur, me disait-elle, que dans le monde idéal où elle se réfugiait.

Involontairement je comparais entre elle ces deux existences, celle du comte, tout action, tout agitation, tout émotion; celle de la comtesse, tout passivité, tout inactivité, tout immobilité. La femme et l'homme obéissaient admirablement à leur nature.

Ma misanthropie autorisait contre les hommes et contre les femmes de cyniques sorties que je me permettais en espérant amener Honorine sur le terrain des aveux; mais elle ne se laissait prendre à aucun piége, et je commençais à comprendre *cet entêtement de mule*, plus commun qu'on ne le pense chez les femmes.

— Les Orientaux ont raison, lui dis-je un soir, de vous renfermer en ne vous considérant que comme les instruments de leurs plaisirs. L'Europe est bien punie de vous avoir admises à faire partie du monde, et de vous y accepter sur un pied d'égalité. Selon moi, la femme est l'être le plus improbe et le plus lâche qui puisse se rencontrer. Et c'est là, d'ailleurs, d'où lui viennent ses charmes : le beau plaisir de chasser un animal domestique! Quand une femme a inspiré une passion à un homme, elle lui est toujours sacrée, elle est, à ses yeux, revêtue d'un privilége imprescriptible. Chez l'homme, la reconnaissance pour les plaisirs passés est éternelle. S'il retrouve sa maîtresse ou vieille ou indigne de lui, cette femme a toujours des droits sur son cœur; mais, pour vous autres, un homme que vous avez aimé n'est plus rien; bien plus, il a un tort impardonnable, celui de vivre!... Vous n'osez pas l'avouer, mais vous avez toutes au cœur la pensée que les traditions prêtent à la dame de la tour de Nesle. Quel dommage qu'on ne puisse se nourrir d'amour comme on se nourrit de fruits! et que, d'un repas fait, il ne puisse pas ne vous rester que le sentiment du plaisir!...

— Dieu, dit-elle, a sans doute réservé ce bonheur parfait pour le paradis. Mais, reprit-elle, si votre argumentation vous semble très-spirituelle, elle a pour moi le malheur d'être fausse. Qu'est-ce que c'est que des femmes qui s'adonnent à plusieurs amours? me demanda-t-elle en me regardant comme la Vierge d'Ingres regarde Louis XIII lui offrant son royaume.

— Vous êtes une comédienne de bonne foi, lui répondis-je, car vous venez de me jeter de ces regards qui feraient la gloire d'une actrice. Mais, belle comme vous êtes, vous avez aimé; donc vous oubliez.

— Moi, répondit-elle en éludant ma question, je ne suis pas une femme, je suis une religieuse arrivée à soixante-douze ans.

— Comment alors pouvez-vous affirmer avec autant d'autorité que vous sentez plus vivement que moi? Le malheur pour les femmes n'a qu'une forme, elles ne comptent pour des infortunes que les déceptions du cœur.

Elle me regarda d'un air doux, et fit comme toutes les femmes qui, pressées entre les deux portes d'un dilemme, ou saisies par les griffes de la vérité, n'en persistent pas moins dans leur vouloir, elle me dit :
— Je suis religieuse, et vous me parlez d'un monde où je ne puis plus mettre les pieds.

— Pas même par la pensée, lui dis-je ?

— Le monde est-il si digne d'envie? répondit-elle. Oh! quand ma pensée s'égare elle va plus haut.... L'ange de la perfection, le beau Gabriel chante souvent dans mon cœur, fit-elle. Je serais riche, je n'en travaillerais pas moins pour ne pas monter trop souvent sur les ailes diaprées de l'Ange et aller dans le royaume de la fantaisie. Il y a des contemplations qui nous perdent, nous autres femmes! Je dois à mes fleurs beaucoup de tranquillité, quoiqu'elles ne réussissent pas toujours à m'occuper. En de certains jours j'ai l'âme envahie par une attente sans objet, je ne puis bannir une pensée qui s'empare de moi, qui semble alourdir mes doigts. Je crois qu'il se prépare un grand événement, que ma vie va changer, j'écoute dans le vague, je regarde aux ténèbres, et je retrouve, après mille fatigues, la vie... la vie ordinaire. Est-ce un pressentiment du ciel, voilà ce que je me demande.

CHAPITRE XXVIII.

XXVIII.

Le mal qu'on peut faire avec une phrase.

Après trois mois de lutte entre deux diplomates cachés sous la peau d'une mélancolie juvénile, et une femme que le dégoût rendait invincible, je dis au comte qu'il paraissait impossible de faire sortir cette tortue de dessous sa carapace : il fallait casser l'écaille.

La veille, dans une dernière discussion tout amicale, la comtesse s'était écriée : — Lucrèce a écrit avec son poignard et son sang le premier mot de la charte des femmes : *liberté!*

Le comte me donna dès-lors carte blanche.

— J'ai vendu cent francs les fleurs et les bonnets que j'ai faits cette semaine, me dit joyeusement Honorine un samedi soir où je vins la trouver dans ce petit salon du rez-de-chaussée dont les dorures avaient été remises à neuf par le faux propriétaire.

Il était dix heures. Un crépuscule de juillet et une lune magnifique apportaient leurs nuageuses clartés. Des bouffées de parfums mélangés caressaient l'ame, la comtesse faisait tintinuller dans sa main les cinq pièces d'or d'un faux commissionnaire en modes, autre compère d'Octave, qu'un juge, M. Popinot, lui avait trouvé.

— Gagner sa vie en s'amusant, dit-elle, être libre, quand les hommes, armés de leurs lois, ont voulu nous faire esclaves ! Oh ! chaque samedi j'ai des accès d'orgueil. Enfin, j'aime les pièces d'or de M. Gaudissart autant que lord Byron, votre Sosie, aimait celles de Murray.

— Ceci n'est guère le rôle d'une femme, repris-je.

— Bah ! suis-je une femme ? Je suis un

garçon doué d'une ame tendre, voilà tout ;
un garçon qu'aucune femme ne peut tourmenter...

— Votre vie est une négation de tout votre être, répondis-je. Comment, vous pour qui Dieu dépensa ses plus curieux trésors d'amour et de beauté, ne désirez-vous pas parfois...

— Quoi ? dit-elle, assez inquiète d'une phrase qui, pour la première fois, démentait mon rôle.

— Un joli enfant à cheveux bouclés, allant, venant parmi ces fleurs, comme une fleur de vie et d'amour, vous criant : Maman !....

J'attendis une réponse. Un silence un peu

trop prolongé me fit apercevoir le terrible effet de mes paroles, et que l'obscurité m'avait caché.

Inclinée sur son divan, la comtesse était non pas évanouie, mais froidie par une attaque nerveuse dont le premier frémissement, doux comme tout ce qui émanait d'elle, avait ressemblé, dit-elle plus tard, à l'envahissement du plus subtil des poisons.

J'appelai madame Gobain, qui vint et emporta sa maîtresse, la mit sur son lit, la délaça, la déshabilla, la rendit non pas à la vie, mais au sentiment d'une horrible douleur.

Je me promenais en pleurant dans l'allée

qui longeait le pavillon, en doutant du succès. Je voulais résigner ce rôle d'oiseleur, si imprudemment accepté. Madame Gobain, qui descendit et me trouva le visage baigné de larmes, remonta promptement pour dire à la comtesse : — Madame, que s'est-il donc passé? M. Maurice pleure à chaudes larmes et comme un enfant.

Stimulée par la dangereuse interprétation que pouvait recevoir notre mutuelle attitude, elle trouva des forces surhumaines, prit un peignoir, redescendit et vint à moi.

— Vous n'êtes pas la cause de cette crise, me dit-elle; je suis sujette à des spasmes, des espèces de crampes au cœur !...

— Et vous voulez me taire vos chagrins? lui dis-je en essuyant mes larmes et avec cette voix qui ne se feint pas. Ne venez-vous pas de m'apprendre que vous avez été mère, que vous avez eu la douleur de perdre votre enfant?

— Marie! cria-t-elle brusquement en sonnant.

La Gobain se présenta.

— De la lumière et le thé, lui dit-elle avec le sang-froid d'une lady harnachée d'orgueil par cette atroce éducation britannique que vous savez.

CHAPITRE XXIX.

XXIX

Le défi.

Quand la Gobain eut allumé les bougies et fermé les persiennes, la comtesse m'offrit un visage muet; déjà, son indomptable fierté, sa gravité de sauvage avaient repris leur empire ; elle me dit.

— Savez-vous pourquoi j'aime tant lord Byron?... Il a souffert comme souffrent les animaux. A quoi bon la plainte quand elle n'est pas une élégie comme celle de Manfred, une moquerie amère comme celle de don Juan, une rêverie comme celle de Child-Harold? On ne saura rien de moi!... Mon cœur est un poème que j'apporte à Dieu!

— Si je voulais... dis-je.

— Si? répéta-t-elle?

— Je ne m'intéresse à rien, répondis-je, je ne puis pas être curieux; mais, si je le voulais, je saurais demain tous vos secrets.

— Je vous en défie, me dit-elle avec une anxiété mal déguisée.

— Est-ce sérieux ?

— Certes, me dit-elle en hochant la tête, je dois savoir si ce crime est possible.

— D'abord, madame, répondis-je en lui montrant ses mains, ces jolis doigts, qui disent assez que vous n'êtes pas une jeune fille, étaient-ils faits pour le travail? Puis, vous nommez-vous madame Gobain? vous qui devant moi, l'autre jour, avez en recevant une lettre dit à Marie : « Tiens, c'est pour toi. » Marie est la vraie madame Gobain. Donc, vous cachez votre nom sous celui de votre intendante. Oh! madame, de moi, ne craignez rien. Vous avez en moi l'ami le plus dévoué que vous aurez jamais.... *ami*, entendez-vous bien? Je donne à ce mot sa sainte et touchante acception, si profanée en

France où nous en baptisons nos ennemis. Cet ami, qui vous défendrait contre tout, vous veut aussi heureuse que doit l'être une femme comme vous. Qui sait si la douleur que je vous ai causée involontairement n'est pas une action volontaire.

— Oui, reprit-elle avec une audace menaçante, je le veux, devenez curieux, et dites-moi tout ce que vous pourrez apprendre sur moi ; mais.., fit-elle en levant le doigt, vous me direz aussi par quels moyens vous aurez eu ces renseignements. La conservation du faible bonheur dont je jouis ici dépend de vos démarches.

— Cela veut dire que vous vous enfuirez..

— A tire d'ailes ! s'écria-t-elle, et dans le Nouveau-Monde...

— Où vous serez, repris-je en l'interrompant, à la merci de la brutalité des passions que vous inspirerez. N'est-il pas de l'essence du génie et de la beauté de briller, d'attirer les regards, d'exciter les convoitises et les méchancetés ? Paris est le désert sans les Bédouins, Paris est le seul lieu du monde où l'on puisse cacher sa vie quand on doit vivre de son travail. De quoi vous plaignez-vous ? Que suis-je ? un domestique de plus, je suis M. Gobain, voilà tout. Si vous avez quelque duel à soutenir, un témoin peut vous être nécessaire.

— N'importe, sachez qui je suis. J'ai déjà dit : *je veux* ! maintenant je vous en prie, reprit-elle avec une grâce (que vous avez à commandement, fit le consul en regardant les femmes).

— Eh bien! demain à pareille heure je vous dirai ce que j'aurai découvert, lui répondis-je. Mais n'allez pas me prendre en haine. Agiriez-vous comme les autres femmes?

— Que font les autres femmes?...

— Elles nous ordonnent d'immenses sacrifices, et quand ils sont accomplis, elles nous les reprochent quelques temps après comme une injure.

Elles ont raison, si ce qu'elles ont demandé vous a paru *des sacrifices...* reprit-elle avec malice.

— Remplacez le mot sacrifice par le mot efforts, et...

— Ce sera, fit-elle, une impertinence.

— Pardonnez-moi, lui dis-je, j'oubliais que la femme et le pape sont infaillibles.

— Mon Dieu, dit-elle après une longue pause, deux mots seulement peuvent troubler cette paix si chèrement achetée et dont je jouis comme d'une fraude...

Elle se leva, ne fit plus attention à moi.

— Où aller? dit-elle. Que devenir?.... Faudra-t-il quitter cette douce retraite, arrangée avec tant de soin pour y finir mes jours?

— Y finir vos jours? lui dis-je avec un effroi visible. N'avez-vous donc jamais pensé qu'il viendrait un moment où vous ne pourriez plus travailler, où le prix des fleurs et des modes baissera par la concurrence?...

— J'ai déjà mille écus d'économies, dit-elle.

— Mon Dieu! combien de privations cette somme ne représente-t-elle pas?... m'écriai-je.

— A demain, me dit-elle, laissez-moi. Ce soir, je ne suis plus moi-même, je veux être seule. Ne dois-je pas recueillir mes forces, en cas de malheur ; car si vous saviez quelque chose, d'autres que vous seraient instruits, et alors... Adieu, dit-elle d'un ton bref et avec un geste impératif.

— A demain le combat, répondis-je en

souriant, afin de ne pas perdre le caractère d'insouciance que je donnais à cette scène.

CHAPITRE XXX

XXX

La révélation.

En sortant par la longue avenue, je répétai : A demain le combat !

Et le comte que j'allai, comme tous les soirs, trouver sur le boulevard, s'écria de même : A demain le combat.

L'anxiété d'Octave égalait celle d'Honorine.

Nous restâmes, le comte et moi, jusqu'à deux heures du matin à nous promener le long des fossés de la Bastille, comme deux généraux qui, la veille d'une bataille, évaluent toutes les chances, examinent le terrain, et reconnaissent qu'au milieu de la lutte la victoire dépend d'un hasard à saisir.

Ces deux êtres séparés violemment allaient veiller tous deux, l'un dans l'espérance, l'autre dans l'angoisse d'une réunion.

Les drames de la vie ne sont pas dans les circonstances, ils sont dans les sentiments, ils se jouent dans le cœur, ou, si vous voulez, dans ce monde immense que nous devons nommer le *Monde Spirituel*. Octave et Honorine agissaient, vivaient uniquement dans ce monde des grands esprits.

Je fus exact. A dix heures du soir, pour la première fois, on m'admit dans une charmante chambre, blanche et bleue, dans le nid de cette colombe blessée.

La comtesse me regarda, voulut me parler et fut atterrée par mon air respectueux.

— Madame la comtesse, lui dis-je en souriant avec gravité.

La pauvre femme, qui s'était levée, retomba sur son fauteuil et y resta plongée dans une attitude de douleur que j'aurais voulu voir saisie par un grand peintre.

— Vous êtes, dis-je en continuant, la

femme du plus noble et du plus considéré des hommes, d'un homme qu'on trouve grand, mais qui l'est bien plus envers vous qu'il ne l'est aux yeux de tous. Vous et lui, vous êtes deux grands caractères. Où croyez-vous être ici ? lui demandai-je.

— Chez moi, répondit-elle en ouvrant des yeux que l'étonnement rend fixes.

— Chez le comte Octave ! répondis-je. Nous sommes joués. M. Lenormand, le greffier de la Cour, n'est pas le vrai propriétaire, mais le prête-nom de votre mari. L'admirable tranquillité dont vous jouissez est l'ouvrage du comte, l'argent que vous gagnez vient du comte dont la protection descend aux plus menus détails de votre existence. Votre mari vous a sauvée aux yeux du monde, il a donné des motifs plausibles à votre absence, il espère ostensiblement ne pas vous avoir perdue dans le naufrage de la *Cécile*, vaisseau sur lequel vous vous êtes embarquée pour aller à la Havane, pour une succession à recueillir d'une vieille parente qui aurait pu vous oublier ; vous y êtes allée en compagnie de deux femmes de sa famille et d'un vieil intendant ! Le comte dit avoir envoyé des agents sur les lieux et avoir reçu des lettres qui lui donnent beaucoup d'espoir... Il prend pour vous cacher à tous les regards autant de précautions que vous en prenez vous-même... Enfin, il vous obéit...

— Assez, répondit-elle. Je ne veux plus savoir qu'une seule chose : de qui tenez-vous ces détails ?

— Eh ! mon Dieu madame, mon oncle a

placé chez le commissaire de police de ce quartier un jeune homme sans fortune en qualité de secrétaire. Ce jeune homme m'a tout dit. Si vous quittiez ce pavillon ce soir, furtivement, votre mari saurait où vous iriez, et sa protection vous suivrait partout. Comment une femme d'esprit a-t-elle pu croire que des marchands pouvaient acheter des fleurs et des bonnets aussi cher qu'ils les vendent? Demandez mille écus d'un bouquet, vous les aurez! Jamais tendresse de mère ne fut plus ingénieuse que celle de votre mari. J'ai su par le concierge de votre maison que le comte vient souvent, derrière la haie, quand tout repose, voir la lumière de votre lampe de nuit! Votre grand châle de cachemire vaut six mille francs... Votre marchande à la toilette vous vend du vieux qui vient des meilleures fabriques.... Enfin, vous réalisez ici Vénus dans les filets de Vulcain ; mais vous êtes emprisonnée seule, et par les inventions d'une générosité sublime, sublime depuis sept ans et à toute heure.

La comtesse tremblait comme tremble une hirondelle prise, et qui, dans la main où elle est, tend le cou, regarde autour d'elle d'un œil fauve. Elle était agitée par une convulsion nerveuse et m'examinait par un regard défiant. Ses yeux secs jetaient une lueur presque chaude ; mais elle était femme : il y eut un moment où les larmes se firent jour, et elle pleura, non pas qu'elle fût touchée, elle pleura de son impuissance, elle pleura de désespoir. Elle se croyait indépendante et libre, le mariage pesait sur elle comme la prison sur le captif.

— J'irai, disait-elle à travers ses larmes,

il m'y force, j'irai là où, certes, personne ne me suivra !

— Ah ! dis-je, vous voulez vous tuer.... Tenez, madame, vous devez avoir des raisons bien puissantes pour ne pas vouloir revenir chez le comte Octave.

— Oh ! certes !

— Eh bien ! dites-les moi, dites-les à mon oncle ; vous aurez en nous deux conseillers dévoués. Si mon oncle est prêtre dans un confessionnal, il ne l'est jamais dans un salon. Nous vous écouterons, nous essaierons de trouver une solution aux problèmes que vous poserez ; et si vous êtes la dupe ou la victime de quelque malentendu, peut-être pourrons-nous le faire cesser. Votre ame me semble pure ; mais si vous avez commis une faute, elle est bien expiée... Enfin, songez que vous avez en moi l'ami le plus sincère. Si vous voulez vous soustraire à la tyrannie du comte, je vous en donnerai les moyens, il ne vous trouvera jamais.

— Oh! il y a le couvent, dit-elle.

— Oui, mais le comte, devenu ministre d'État, vous ferait refuser par tous les couvents du monde. Quoiqu'il soit bien puissant, je vous sauverai de lui... mais... quand vous m'aurez démontré que vous ne pouvez pas, que vous ne devez pas revenir à lui. Oh! ne croyez pas que vous fuiriez sa puissance pour tomber sous la mienne, repris-je en recevant d'elle un regard horrible de défiance et plein de noblesse exagérée. Vous aurez la paix, la solitude et l'indépendance; enfin, vous serez aussi libre et aussi respectée que si vous étiez une vieille fille laide et méchante. Je ne pourrai pas, moi-même, vous voir sans votre consentement.

— Et comment? par quels moyens?

— Ceci, madame, est mon secret. Je ne vous trompe point, soyez-en certaine. Démontrez-moi que cette vie est la seule que vous puissiez mener, qu'elle est préférable à celle de la comtesse Octave, riche, honorée, dans un des plus beaux hôtels de Paris, chérie de son mari, mère heureuse... et je vous donne gain de cause...

— Mais, dit-elle, est-ce jamais un homme qui me comprendra!...

— Non, répondis-je. Aussi ai-je appelé la Religion pour nous juger. Le curé des Blancs-Manteaux est un saint de soixante-quinze ans. Mon oncle n'est pas le Grand Inquisiteur, il est saint Jean ; mais il sera Fénélon pour vous, le Fénélon qui disait au duc de Bourgogne :

« Mangez un veau le vendredi, mais soyez chrétien, monseigneur ! »

— Allez, monsieur, le couvent est ma dernière ressource, et mon seul asile. Il n'y a que Dieu pour me comprendre. Aucun homme, fût-il saint Augustin, le plus tendre des Pères de l'Église, ne pourrait entrer dans les scrupules de ma conscience, qui pour moi sont les cercles infranchissables de l'enfer du Dante. Un autre que mon mari, un autre, quelque indigne qu'il fût de cette offrande, a eu tout mon amour! Il ne l'a pas eu, car il ne l'a pas pris; je le lui ai donné comme une mère donne à son enfant un jouet merveilleux que l'enfant brise. Il n'y avait pas deux amours pour moi. L'amour pour certaines ames ne s'essaie pas : ou il est, ou il n'est pas. Quand il se montre, quand il se lève, il est tout entier. Eh bien! cette vie de dix-huit mois a été pour moi une vie de dix-huit ans : j'y ai mis toutes les facultés de mon être, elle ne se sont pas appauvries par leur effusion, elles se sont épuisées dans cette intimité trompeuse où moi seule étais franche. La coupe du bonheur n'est pas vide, monsieur, elle est vidée!.... rien ne peut plus la remplir, car elle est brisée. Je suis hors de combat, je n'ai plus d'armes... Après m'être ainsi livrée tout entière, que suis-je? le rebut d'une fête. On ne m'a donné qu'un nom, Honorine, comme je n'avais qu'un cœur. Mon mari a eu la jeune fille, un indigne amant a eu la femme, il n'y a plus rien ! Me laisser aimer?... voilà le grand mot que vous allez me dire. Oh ! je suis encore quelque chose, et je me révolte à l'idée d'être une prostituée. Oui, j'ai vu clair à la lueur de l'incendie ; et tenez... je concevrais de céder à l'amour d'un autre ; mais à Octave ?.... oh ! jamais.

— Oh ! vous l'aimez, lui dis-je.

— Je l'estime, je le respecte, je le vénère, il ne m'a pas fait le moindre mal ; il est bon, il est tendre ; mais je ne puis plus aimer... D'ailleurs, dit-elle, ne parlons plus de ceci. La discussion amoindrit tout. Je vous exprimerai par écrit mes idées à ce sujet ; car, en ce moment, elles m'étouffent, j'ai la fièvre, je suis les pieds dans les cendres de mon Pâraclet. Tout ce que je vois, ces choses que je croyais conquises par mon travail me rappellent maintenant tout ce que je voulais oublier. Ah! c'est à fuir d'ici, comme je me suis en allée de ma maison.

— Pour aller où? dis-je. Une femme peut-elle exister sans protecteur ? Est-ce à trente ans, dans toute la gloire de la beauté, riche de forces que vous ne soupçonnez pas, pleine de tendresses à donner, que vous irez vivre au désert où je puis vous cacher ?..... Soyez en paix. Le comte, qui en cinq ans ne s'est pas fait apercevoir ici, n'y pénétrera jamais que de votre consentement : vous avez sa sublime vie pendant neuf ans pour garantie de votre tranquillité. Vous pouvez donc délibérer en toute sécurité, sur votre avenir, avec mon oncle et moi. Mon oncle est aussi puissant qu'un ministre d'État. Calmez-vous donc, ne grossissez pas votre malheur. Un prêtre dont la tête a blanchi dans l'exercice du sacerdoce n'est pas un enfant, vous serez comprise par celui à qui toutes les passions se sont confiées depuis cinquante ans bientôt et qui pèse dans ses mains le cœur si pesant des rois et des princes. S'il est sévère sous l'étole, mon oncle sera devant vos fleurs aussi doux qu'elles, et indulgent comme son divin maître.

Je quittai la comtesse à minuit, et la laissai calme en apparence, mais sombre, et dans des dispositions secrètes qu'aucune perspicacité ne pouvait deviner.

CHAPITRE XXXI.

XXXI

Une lettre.

Je trouvai le comte à quelques pas, dans la rue Saint-Maur, car il avait quitté l'endroit convenu sur le boulevard, attiré vers moi par une force invincible.

— Quelle nuit la pauvre enfant va passer?

s'écria-t-il quand j'eus fini de lui raconter la scène qui venait d'avoir lieu. Si j'y allais, dit-il, si tout à coup elle me voyait !

— En ce moment, elle est femme à se jeter par la fenêtre, lui répondis-je. La comtesse est de ces Lucrèce qui ne survivent pas à un viol, même quand il vient d'un homme à qui elles se donneraient.

— Vous êtes jeune, me répondit-il. Vous ne savez pas que la volonté, dans une ame agitée par de si cruelles délibérations, est comme le flot d'un lac où se passe une tempête, le vent change à toute minute, et le courant est tantôt à une rive, tantôt à une autre. Pendant cette nuit, il y a tout autant de chances pour qu'à ma vue Honorine se jette dans mes bras, que pour la voir sauter par la fenêtre.

— Et vous accepteriez cette alternative? lui dis-je.

— Allons, me répondit-il, j'ai chez moi, pour pouvoir attendre jusqu'à demain soir, une dose d'opium que Desplein m'a préparée afin de me faire dormir sans danger.

Le lendemain, à midi, la Gobain m'apporta la lettre suivante en me disant que la comtesse, épuisée de fatigue, s'était couchée à six heures et que, grâce à un *amandé*, préparé par le pharmacien, elle dormait.

— Voici cette lettre, j'en ai gardé une copie, car, mademoiselle, dit le consul en s'adressant à Camille Maupin, vous connaissez les ressources de l'art, les ruses du style et les efforts de beaucoup d'écrivains qui ne manquent pas d'habileté dans leurs compositions; mais vous reconnaîtrez que la littérature ne saurait trouver de tels écrits dans ses entrailles postiches! Il n'y a rien de terrible comme le vrai.

Voilà ce qu'écrivit cette femme, ou plutôt cette douleur !

Mme LA COMTESSE OCTAVE

à M. Maurice.

« Monsieur Maurice,

» Je sais tout ce que votre oncle pourrait
» me dire ; il n'est pas plus instruit que ma
» conscience.
» La conscience est chez l'homme le tru-
» chement de Dieu.

» Je sais que si je ne me réconcilie pas avec
» Octave je serai damnée : tel est l'arrêt de
» la loi religieuse. La loi civile m'ordonne
» l'obéissance quand même. Si mon mari ne
» me repousse pas, tout est dit : le monde me
» tient pour pure, pour vertueuse, quoique
» j'aie fait.

» Oui, le mariage a cela de sublime que
» la société ratifie le pardon du mari ; mais
» elle a oublié qu'il faut que le pardon soit
» accepté.

» Légalement, religieusement, mondaine-
» ment, je dois revenir à Octave.

» A ne nous en tenir qu'à la question hu-
» maine, n'y a-t-il pas quelque chose de cruel
» à lui refuser le bonheur, à le priver d'en-
» fants, à effacer sa famille du livre d'or de la

« pairie? Mes douleurs, mes répugnances,
» mes sentiments, tout mon égoïsme (car je
» me sais égoïste) doit être immolé à la fa-
» mille. Je serai mère, les caresses de mes
» enfants essuieront bien des pleurs! je serai
» bien heureuse, je serai certainement ho-
» norée, je passerai fière, opulente, dans un
» brillant équipage! J'aurai des gens, un hô-
» tel, une maison, je serai la reine d'autant
» de fêtes qu'il y a de semaines dans l'année.
» Le monde m'accueillera bien. Enfin je ne
» remonterai pas dans le ciel du patriciat, je
» n'en serai pas même descendue. Ainsi Dieu,
» la loi, la société, tout est d'accord.

» Contre quoi vous mutinez-vous? me dit-
» on du haut du ciel, de la chaire, du tribu-
» nal et du trône dont l'auguste intervention
» serait au besoin invoquée par le comte. Vo-

» tre oncle me parlera même au besoin d'une
» certaine grâce céleste qui m'inondera le
» cœur alors que j'éprouverai le plaisir d'a-
» voir fait mon devoir. Dieu, la loi, le mon-
» de, Octave veulent que je vive, n'est-ce
» pas?

» Eh bien ! s'il n'y a pas d'autre difficul-
» té, ma réponse tranche tout : Je ne vivrai
» pas !

» Je redeviendrai bien blanche, bien in-
» nocente, car je serai dans mon linceul, pa-
» rée de la pâleur irréprochable de la mort.
» Il n'y a pas là le moindre *entêtement de*
» *mule.* Cet entêtement de mule dont vous m'a-
» vez accusé en riant est, chez la femme,
» l'effet d'une certitude, une vision de l'ave-
» nir.

» Si mon mari, par amour, a la sublime
» générosité de tout oublier, je n'oublierai
» point, moi! L'oubli dépend-il de nous?
» Quand une veuve se marie, l'amour en fait
» une jeune fille sublime, elle épouse un
» homme aimé ; mais je ne puis pas aimer le
» comte. Tout est là, voyez-vous ?

» Chaque fois que mes yeux rencontreront
» les siens, j'y verrai toujours ma faute, même
» quand les yeux de mon mari seront pleins
» d'amour.

» La grandeur de sa générosité m'attestera
» la grandeur de mon crime.

» Mes regards, toujours inquiets, liront
» toujours une sentence invisible.

» J'aurai dans le cœur des souvenirs confus
» qui se combattront.

« Jamais le mariage n'éveillera dans mon
» être les cruelles délices, le délire mortel
» de la passion : je tuerai mon mari par ma
» froideur, par des comparaisons qui se de-
» vineront, quoique cachées au fond de ma
» conscience !

» Oh! le jour où, dans une ride du front,
» dans un regard attristé, dans un geste im-
» perceptible, je saisirai quelque reproche
» involontaire, réprimé même, rien ne me
» retiendra : je serai la tête fracassée sur
» un pavé que je trouverai plus clément que
» mon mari.

» Ma susceptibilité fera peut-être les frais
» de cette horrible et douce mort. Je mour-
» rai peut-être victime d'une impatience cau-
» sée à Octave par une affaire, ou trompée

» par un injuste soupçon. Hélas! peut-être
» prendrai-je une preuve d'amour pour une
» preuve de mépris.

« Quel double supplice! Octave doutera
» toujours de moi, je douterai toujours de
» lui. Je lui opposerai, bien involontairement,
» un rival indigne de lui, un homme que je
» méprise, mais qui m'a fait connaître des
» voluptés gravées en traits de feu, dont j'ai
» honte et dont je me souviens irrésistible-
» ment. Est-ce assez vous ouvrir mon cœur?
» Personne, monsieur, ne peut me prouver que
» l'amour se recommence, car je ne puis et
» ne veux accepter l'amour de personne.

» Une jeune fille est comme une fleur qu'on
» a cueillie; mais la femme coupable est une
» fleur sur laquelle on a marché.

» Vous êtes fleuriste, vous devez savoir s'il

» est possible de redresser cette tige, de ra-
» viver ces couleurs flétries, de ramener la
» sève dans ces tubes si délicats et dont
» toute la puissance végétative vient de leur
» parfaite rectitude....

» Si quelque botaniste se livrait à cette opé-
» ration, cet homme de génie effacerait-il
» les plis de la tunique froissée ? il referait
» une fleur. Dieu seul peut me refaire.

» Je bois la coupe amère des expiations ;
» mais en la buvant j'ai terriblement épelé
» cette sentence : « Expier n'est pas effa-
» cer. »

» Dans mon pavillon, seule, je mange un
» pain trempé de mes pleurs ; mais personne
» ne me voit le mangeant, ne me voit pleu-

» rant. Rentrer chez Octave? c'est renoncer
» aux larmes, mes larmes l'offenseraient.

» Oh monsieur! combien de vertus faut-il
« fouler aux pieds pour, non pas se donner,
» mais se rendre à un mari qu'on a trompé?
» qui peut les compter? Dieu seul, car lui
» seul est le confident et le promoteur de
» ces horribles délicatesses qui doivent faire
» pâlir les anges.

» Tenez, j'irai plus loin. Une femme a
» du courage devant un mari qui ne sait
» rien; elle déploie alors dans ses hypocri-
» sies une force sauvage, elle trompe pour
» donner un double bonheur. Mais une
» mutuelle certitude n'est-elle pas avilis-
» sante? Moi, j'échangerai des humiliations
» contre des extases? Octave ne finirait-il

» point par trouver de la dépravation dans
» mes consentements?

» Le mariage est fondé sur l'estime, sur des
» sacrifices faits de part et d'autre; mais ni
» Octave, ni moi nous ne pouvons nous esti-
» mer le lendemain de notre réunion : il
» m'aura déshonorée par quelque amour de
» vieillard pour une courtisane ; et moi,
» j'aurais la honte perpétuelle d'être une
» chose au lieu d'être une reine. Je ne serai
» pas la vertu, je serai le plaisir dans sa
» maison.

» Voilà les fruits amers d'une faute. Je
» me suis fait un lit conjugal où je ne puis
» que me retourner sur des charbons, un lit
» sans sommeil.

» Ici, j'ai des heures de tranquillité, des

» heures pendant lesquelles j'oublie; mais
» dans mon hôtel, tout me rappellera la
» tache qui déshonore ma robe d'épousée.

» Quand je souffre ici, je bénis mes souf-
» frances, je dis à Dieu : Merci. Mais chez
» lui, je serai pleine d'effroi, goûtant des
» joies qui ne me seront pas dues.

» Tout ceci, monsieur, n'est pas du rai-
» sonnement, c'est le sentiment d'une ame
» bien vaste, car elle est creusée depuis sept
» ans par la douleur.

» Enfin, dois-je vous faire cet épouvan-
» table aveu? Je me sens toujours le sein
» mordu par un enfant conçu dans l'ivresse
» et la joie, dans la croyance au bonheur,
» par un enfant que j'ai nourri pendant sept

» mois, de qui je serai grosse toute ma vie.
» Si de nouveaux enfants puisent en moi
» leur nourriture, ils boiront des larmes qui,
» mêlées à mon lait, le feront aigrir.

« J'ai l'apparence de la légèreté, je vous
» semble enfant... Oh oui! j'ai la mémoire
» de l'enfant, cette mémoire qui se re-
» trouve aux abords de la tombe.

» Ainsi, vous le voyez, il n'est pas une si-
» tuation dans cette belle vie, où le monde et
» l'amour d'un mari veulent me ramener, qui
» ne soit fausse, qui ne me cache des piéges,
» qui ne m'ouvre des précipices où je roule
» déchirée par des arêtes impitoyables.

» Voilà cinq ans que je voyage dans les
» landes de mon avenir, sans y trouver une
» place commode à mon repentir, parce que

» mon âme est envahie par un vrai repentir.

» A tout ceci, la religion a ses réponses,
» et je les sais par cœur.

» Ces souffrances, ces difficultés sont ma
» punition, et Dieu me donnera la force de
» les supporter.

» Ceci, monsieur, est une raison pour
» certaines ames pieuses, douées d'une éner-
» gie qui me manque.

» Entre l'enfer où Dieu ne m'empêchera
» pas de le bénir, et l'enfer qui m'attend
» chez le comte Octave, mon choix est
» fait.

» Un dernier mot.

» Mon mari serait encore choisi par moi,

» si j'étais jeune fille, et que j'eusse mon ex-
» périence actuelle, mais là précisément est
» la raison de mon refus : je ne veux pas
» rougir devant cet homme. Comment, je
» serai toujours à genoux, il sera toujours
» debout ! Et si nous changeons de posture,
» je le trouve méprisable.

» Je ne veux pas être mieux traitée par
» lui à cause de ma faute.

» L'ange qui oserait avoir certaines bruta-
» lités qu'on se permet de part et d'autre
» quand on est mutuellement irréprocha-
» ble, cet ange n'est pas sur la terre, il est au
» ciel !

» Octave est plein de délicatesse, je le
» sais ; mais il n'y a pas dans cette ame,
» quelque grande qu'on la fasse (c'est une

» ame d'homme), de garanties pour la nou-
» velle existence que je mènerais chez lui.

» Venez donc me dire où je puis trouver
» cette solitude, cette paix, ce silence amis
» des malheurs irréparables et que vous m'a-
» vez promis. »

FIN DU PREMIER VOLUME.

TABLE

DES CHAPITRES

Dédicace.	5
Chap. I. — Comme quoi le Français est peu voyageur.	11
II. — Un tableau italo-gallique.	17
III. — Histoire mystérieuse d'un Consul-Général.	25
IV. — La Consulesse.	35
V. — Une autopsie sociale.	41
VI. — Une idée de curé.	47
VII. — Peinture de jeunesse.	55
VIII. — Un vieil hôtel.	65
IX. — Un portrait.	73
X. — Le jeune vieillard.	81
XI. — Un drame inconnu.	89
XII. — Une noble amitié.	103

TABLE.

Chap. XIII. — Les trois coups d'avant le lever du rideau. 113
XIV. — Une discussion du Conseil-d'État. 121
XV. — Le secret dévoilé. 133
XVI. — La confession d'un ministre d'État. 141
XVII. — Un mariage de convenance et d'inclination. 145
XVIII. — Une horrible passion légitime. . . 155
XIX. — Un mari romanesque. 167
XX. — Une tentative. 177
XXI. — Une singulière proposition. . . 187
XXII. — L'action commence. 199
XXIII. — Une Esqnisse. 211
XXIV. — Comment finit la première entrevue. 221
XXV. — La cage d'Honorine. 229
XXVI. — Observation sur le travail des femmes 235
XXVII. — Un aveu d'Honorine. 247
XXVIII. — Le mal qu'on peut faire avec une phrase. 257
XXIX. — Le défi. 267
XXX. — La révélation. 285
XXXI. — Une lettre. 297

FIN DE LA TABLE DU PREMIER VOLUME.

Fontainebleau. — Impr. de E. JACQUIN.

www.ingramcontent.com/pod-product-compliance
Lightning Source LLC
Chambersburg PA
CBHW060415170426
43199CB00013B/2151